LOVE

PARA BEX FITZSIMONS.

cincotintas

MATCH

GUÍA ASTROLÓGICA PARA EL AMOR Y LAS RELACIONES

STELLA ANDROMEDA

p. 9

Aries

21 DE MARZO-20 DE ABRIL

p. 23

Tauro

21 DE ABRIL-20 DE MAYO

p. 37

Géminis

21 DE MAYO-20 DE JUNIO

p. 51

Cáncer

21 DE JUNIO-21 DE JULIO

p. 65

Leo

22 DE JULIO-21 DE AGOSTO

p. 79

Virgo

22 DE AGOSTO-21 DE SEPTIEMBRE

p. 93

Libra

22 DE SEPTIEMBRE-21 DE OCTUBRE

p. 135

Capricornio

22 DE DICIEMBRE-20 DE ENERO

p. 107

Escorpio

22 DE OCTUBRE-21 DE NOVIEMBRE

p. 149

Acuario

21 DE ENERO-19 DE FEBRERO

p. 121

Sagitario

22 DE NOVIEMBRE-21 DE DICIEMBRE

p. 163

Piscis

20 DE FEBRERO-20 DE MARZO

Introducción

¿Está el amor escrito en las estrellas o podemos usar la energía de los signos zodiacales para que nos ayude en las cuestiones afectivas? Conocer las características de tu signo solar y cómo pueden chocar o sintonizar con las de otros te puede ayudar a navegar por las aguas cambiantes del amor. Y, aunque no te proporcionarán todas las respuestas, contar con unos conocimientos básicos acerca de las influencias astrológicas puede ser de gran ayuda.

A veces, vemos desde el primer momento el potencial de una relación o las tensiones entre los miembros de la pareja. Incluso entonces, conocer las sutiles inclinaciones astrológicas te puede ayudar a gestionar tanto lo primero como las segundas. Tú crees que él es tozudo, él cree que eres impulsiva. Si sabes por qué chocan esas energías, te será más fácil gestionarlas. Una carta astral te proporcionará aún más datos, porque te ofrecerá información acerca del ascendiente y del signo lunar, que son clave a la hora de entender rasgos concretos. Por lo tanto, si también sabes en qué signo caen el ascendiente y la luna, la lectura de sus características te proveerá de aún más información con la que trabajar.

En cualquier caso, recuerda que muchas relaciones prosperan precisamente a partir de los puntos de tensión, de esos primeros momentos que hicieron que la piel se os erizara y que os atrajeron el uno al otro. Todo depende de cuáles sean tus inclinaciones astrológicas y personales y de que sepas que estas te pueden ayudar a la hora de tomar decisiones acerca de cuestiones afectivas y de determinar qué te atrae y qué no.

Cuando se trata de encontrar la armonía con la pareja, resulta útil conocernos mejor. Y es ahí donde la astrología aporta conocimiento y emoción; puede ayudar a lograr que nuestra pareja se sienta valorada y asegurarnos de que ella nos valore a nosotros.

Aries

✳

El carnero

21 DE MARZO–20 DE ABRIL

Astrológicamente, es el primer
signo del Zodíaco y aparece junto al
equinoccio vernal (o de primavera).
Es un signo de fuego cardinal
simbolizado por el carnero y el signo
de los comienzos. Está regido por
el planeta Marte, lo que representa
dinamismo para enfrentarse a los
retos con energía y creatividad.

SIGNO OPUESTO

Libra

Cómo quiere Aries
que le quieran

Como tiende a decir lo que quiere en lugar de esperar que el otro le lea la mente, la pareja de Aries no tendrá problemas en saber cómo quiere que le quieran. No es dado a flirtear o coquetear y, como tiende a tomarse las cosas de forma muy literal, demasiada sutileza puede confundirlo. Aries funciona sobre la base de que lo que ves es lo que hay y puede ser demasiado obvio para quienes consideran demasiado existente esa expresión tan directa o asustar a las personas más sensibles.

Sin embargo, la lealtad es fundamental para Aries y una vez ha entregado su corazón, espera que le paguen con la misma moneda. De no ser así, es posible que la decepción lo lleve a terminar rápidamente con la relación. Puede estar dispuesto a dar una segunda oportunidad a su pareja si lo decepciona, pero en raras ocasiones concederá una tercera. Lo único que hay que tener en cuenta es que, a pesar de su anhelo de lealtad y de compromiso, a Aries le gustan los retos. Por lo tanto, lo que quiere en realidad es la seguridad del compromiso con la emoción añadida de un poco de impredictibilidad que sacuda ligeramente el *status quo*.

¿Conclusión? Mientras Aries se sienta comprometido con la relación, esperará lealtad y adoración absolutas, aunque no necesita estar en proximidad física de su pareja todo el tiempo. Tiende a ser confiado hasta que las circunstancias o la intuición le dicen lo contrario, momento en el que desconfiará o cortará rápidamente todos los vínculos. Aries espera una respuesta inmediata a sus mensajes o sus llamadas, como un niño que exige atención, pero a pesar de todo, no pide nada que él no esté dispuesto a hacer, por lo que es uno de los signos solares más fáciles de amar.

A dónde llevar a Aries de vacaciones

Aries prefiere el calor y la aventura, por lo que no le suele apetecer demasiado pasarse el día tendido en la playa. Le gustará mucho más que lo lleves a explorar el casco antiguo de Marsella o la Acrópolis de Atenas, o que te lo lleves de escapada a Ladakh o a un retiro de yoga en Santa Fe.

La vida sexual de Aries

Para Aries, el sexo es algo muy sencillo que, además, puede ser independiente de la necesidad de ser querido. Esto no significa que sea promiscuo, sino que reconoce que el sexo es placentero por sí mismo, ya sea con un compañero de vida, con un amante, con un amigo o incluso en una relación pasajera. Aries cree que el cuerpo es su aliado y no teme conectar con su físico, sea cual sea su tipo. Es posible que no quiera inundar de luz el dormitorio, pero le gusta ver a su pareja y responder a sus necesidades, porque disfruta del placer del otro tanto como del propio.

Se siente seguro expresando sus necesidades sexuales, por lo que puede parecer demasiado exigente o dominante a tipos más reservados. Esta energía sexual acostumbra a ser evidente en el modo en que se mueve y se comunica fuera del dormitorio y exuda una seguridad física que puede ser muy atractiva. El aventurero Aries tampoco suele ser demasiado previsible sexualmente: los juguetes eróticos pueden formar parte de su repertorio y sus parejas no deberían sorprenderse si se encuentran con juegos y escenificaciones en el dormitorio.

Vivir con Aries

Aries es uno de los signos más directos del Zodíaco y su tendencia a decir lo que piensa y siente puede ser beneficiosa a la hora de gestionar las relaciones domésticas, aunque es posible que las personas más sensibles los consideren absolutamente carentes de tacto. No acostumbra a pedir a los demás nada que no esté dispuesto a hacer él mismo, pero eso significa que le gusta que las cosas se hagan a su manera. Y, como acostumbra a ser impaciente, se encarga de hacer la colada porque es más rápido que esperar a que la haga otro. Lo bueno es que no lo suele echar en cara.

Su manera de organizarse puede ser algo caótica, lo que puede irritar a su pareja si esta es más ordenada, y gracias a sus arranques de energía puede hacer mucho en poco tiempo, aunque solo hasta que se vuelve a distraer. Esta manera de hacer turbulenta puede alterar a los signos más apacibles o pedantes, mientras que la falta de sentimentalidad de Aries puede llevarlo a deshacerse de lo que le parece un trasto pero que, en realidad, es muy importante para el otro. Esto puede causar fricciones, así que vale la pena que Aries pregunte antes de tirar nada, para ir sobre seguro.

Aries
y las rupturas

Aries es un amante muy leal e, incluso si han sido ellos quienes han decidido poner fin a la relación, les puede resultar difícil desvincularse del todo. Acostumbran a intentar mantener la amistad y les cuesta entender que un ex no quiera volverlos a ver nunca más. Si es la parte rechazada, se sentirá herido y, con frecuencia, sorprendido, por lo que insistirá y preguntará para saber y entender lo sucedido, aunque la verdad sea aún más dolorosa. De todos modos, no suele guardar rencor, porque sabe que si ha amado y ha sido amado en el pasado, volverá a amar. Aries es optimista por naturaleza y cree que solo es cuestión de tiempo que la siguiente gran historia de amor aparezca en el horizonte.

Aries y...

♈

Aries

Puede ser una unión apasionada, aunque con dos egos tan tercos es fácil que acaben luchando por ocupar la primera posición. Esta combinación funciona mejor cuando ambos tienen intereses ajenos a la pareja y disponen de espacio para disfrutar de su independencia, ya sea en su vida social o profesional.

♋

Cáncer

La atracción sexual en esta combinación de signo de fuego y signo de agua puede echar chispas, pero la tendencia de Cáncer a mostrarse a la defensiva puede cohibir a Aries, que en ocasiones puede querer salir huyendo de la afición a la vida doméstica del cangrejo.

♉

Tauro

El equilibrado Tauro se siente atraído por el fuego de Aries, pero a veces le cuesta asimilar su anhelo de independencia. Por su parte, Aries puede tardar en valorar la fiabilidad de Tauro, por lo que este emparejamiento requiere capacidad de negociación por ambas partes.

♌

Leo

Dos corazones ardientes y honestos pueden hacer muy buena pareja, siempre que ambos dejen espacio para el ego del otro. Les irá bien mantener una actitud juguetona, mientras que una buena dosis de admiración mutua los mantendrá contentos a los dos.

♊

Géminis

El aire da oxígeno al fuego, por lo que la compatibilidad entre el dinamismo de Aries y el ingenio de Géminis es inmediata. Y, como a ambos les encanta hablar, jamás se aburrirán juntos, aunque a veces puedan competir por la atención.

♍

Virgo

No es una combinación fácil, porque Aries puede sentirse limitado por la necesidad de orden de Virgo, que, a su vez, puede desconfiar de la espontaneidad de Aries. De todos modos, si lo tienen en cuenta, las cualidades positivas del uno y el otro pueden enriquecerlos a los dos.

Libra

La actitud pacífica y diplomática de Libra puede hacer que se sienta inseguro ante el anhelo de acción y de confrontación de Aries, pero la cualidad aérea de Libra puede alimentar la llama de Aries y crear una atracción potente y poco convencional a corto plazo, si no a largo.

Capricornio

Es posible que Aries sea demasiado poco convencional para el práctico signo de tierra que es Capricornio, pero Aries puede ganar mucho de esta relación, que lo ayudará a poner los pies en el suelo y que puede ofrecer tanto respeto mutuo como compromiso sensual.

Escorpio

Escorpio tiende a ser posesivo, lo que puede apagar el ardor libre de Aries. Sin embargo, la química entre los dos es muy potente, porque su compatibilidad física es evidente, y la relación puede funcionar muy bien en el marco de una admiración intelectual mutua.

Acuario

Ambos signos valoran la necesidad de independencia del otro, lo que puede augurar una buena compatibilidad, aunque, en ocasiones, la cualidad volátil de Acuario puede resultar demasiado impredecible incluso para el espontáneo Aries.

Sagitario

Si hablamos de parejas temperamentales, estos dos signos de fuego son muy compatibles y, si consiguen que las cosas vayan bien en el dormitorio, es una relación que puede funcionar muy bien, porque ambos tienden al optimismo, la espontaneidad y la franqueza.

Piscis

Si Aries tiene algo de tacto, puede ser una relación muy fructífera, en la que Piscis se beneficia de una pareja sólida que compensa su actitud soñadora y que, a su vez, puede ser muy seductora para Aries, menos sutil.

La escala del amor de Aries

Menos compatible

Virgo · Cáncer · Aries · Tauro · Acuario · Libra

Más compatible

Escorpio   Capricornio   Leo   Piscis   Geminis   Sagitario

Tauro

*

El toro

21 DE ABRIL–20 DE MAYO

Tauro, con los pies en la tierra, sensual y aficionado a los placeres carnales, es un signo de tierra fijo al que su planeta regente, Venus, ha concedido la gracia y el amor por la belleza a pesar de que su símbolo sea un toro. Acostumbra a caracterizarse por una manera de entender la vida relajada y sin complicaciones, si bien terca a veces.

SIGNO OPUESTO

Escorpio

Cómo quiere Tauro
que le quieran

Tauro quiere que lo amen mucho y bien, con muchos abrazos y muchos mimos. Le gusta tener una confirmación física de que lo aman, por lo que las apasionadas declaraciones de amor no son lo suyo: quiere pruebas y las pruebas deben ser tangibles. Por ejemplo, le gustará que le preparen una cena, porque él también demuestra así su amor y su aprecio. O quizás que le regalen algo bonito para la casa (siempre que coincida con sus gustos). Sea como sea, a Tauro no le basta con que le digan que le quieren. Necesita tener pruebas que lo demuestren. El inconveniente es que pueden parecer demasiado dependientes a otros signos de espíritu más libre. De todos modos, una vez se siente seguro, Tauro está contento. Lo que sucede es que la situación puede resultar algo confusa, porque Tauro tiende a ser reservado y eso lleva a que sus declaraciones de amor sean escasas. A pesar de ello, las apariencias engañan y, en la mayoría de las ocasiones, Tauro es un amante fiel. Las relaciones extramaritales tampoco son su estilo, porque su tendencia innata a echar raíces sumada a cierta holgazanería hacen poco probable que se descarríe. «¿Por qué salir a por hamburguesas si en casa ya tengo filete?» es una frase que muy bien podría haber pronunciado un Tauro.

Como Tauro rige la garganta, el cuello puede ser una zona especialmente erógena y el masaje en esta zona y en los hombros es una manera infalible para relajarlo y aliviar el estrés del trabajo. En general, esta manera de actuar refleja muy bien cómo quiere Tauro que le quieran. Se siente bien con su cuerpo y le encantan los masajes, a poder ser con aceites esenciales y en un lugar bonito. Es una estrategia infalible para calmar a un toro enfurecido.

¿Cuál es el mejor día de la semana para llamar a Tauro?

El viernes. El último día laborable de la semana (para la mayoría de personas) y cuando el trabajador Tauro ya puede empezar a pensar en el descanso. *Viernes* procede de la expresión latina *Veneris dies*, es decir, 'día de Venus', planeta por el que está regido.

La vida sexual de Tauro

Como el cuerpo es tan importante para el sensual Tauro, hacer el amor es sobre todo una cuestión de conexión física y los juegos previos acostumbran a ser directos y con mucho contacto visual. Sin embargo, esa conexión física se suele basar en la autenticidad y la confianza, por lo que no suele tener aventuras de una noche. Es muy probable que haya anticipado y previsto el sexo y haya preparado un lugar cómodo: Tauro no se suele dejar arrastrar por la lujuria, que es demasiado impredecible para que le resulte cómoda. Las mujeres Tauro pueden transmitir un erotismo delicado que no hace más que potenciar su estilo sensual.

Una vez se siente cómodo, Tauro puede ser juguetón y desvergonzado al estilo del *Decamerón*. Siempre que haya confianza, estará dispuesto a adentrarse en territorios sexuales inexplorados e incluso a participar en juegos de rol, aunque con ciertos límites. El exceso de fantasía puede apagarle el deseo. Lo que verdaderamente disfruta Tauro es la profunda seguridad que puede sentir al dormir en los brazos de su pareja después del sexo. De hecho, muchos Tauro creen que el sexo es el mejor antídoto del insomnio que existe.

Vivir con Tauro

El deseo de vivir en un entorno bonito sumado al pragmatismo garantiza que las tareas domésticas se hagan a tiempo, que el armario del baño contenga lo estrictamente necesario y que los platos se frieguen a diario, en un esfuerzo para crear el entorno sereno y seguro que tanto anhela Tauro. El hogar de Tauro también suele ofrecer lo mejor que pueda conseguir con su presupuesto, ya se trate de toallas suntuosas o de una espátula de cocina de última generación.

Tauro es uno de los signos del Zodíaco con los que más fácil resulta convivir, siempre que las cosas se hagan a su manera, lo que puede exigir cierto arte de negociación: enfrentarse a un compañero de piso tan testarudo puede ser difícil. Tauro ama y valora los objetos bellos, por lo que puede ser muy posesivo y no muy dado a compartir. No reaccionará muy bien si alguien toma prestado algo suyo sin su permiso (¡o ni siquiera con autorización!). Sin embargo, Tauro es conocido por su generosidad en otros aspectos y le gusta que su casa sea un lugar acogedor. Le gusta tener invitados, con los que se muestra hospitalario y generoso... siempre que todos se acuerden de limpiarse bien los zapatos en el felpudo antes de entrar.

Tauro
y las rupturas

Las rupturas son muy complicadas para Tauro, porque casi nunca se compromete a no ser que esté cien por cien seguro y crea que será para siempre. Además, las rupturas le resultan difíciles porque suponen un cambio importante, y a Tauro le puede costar mucho volver a comprometerse cuando había estado convencido de que su ex era su media naranja. Las rupturas agrias son aún más complicadas para Tauro, para quien la armonía es una necesidad básica. Aunque también puede mostrarse beligerante, a Tauro le cuesta herir los sentimientos de la persona a la que ha amado, incluso cuando es él mismo quien promueve la ruptura. Por eso, es posible que no diga mucho y que su ex tenga dificultades para entender por qué quiere poner fin a la relación.

Tauro y...

♈

Aries

A Tauro le irá bien contar con algo del fuego de Aries, pero, aunque ambos disfrutan con la faceta física del amor, pueden chocar por cuestiones de dinero. Por eso, las relaciones pasajeras pueden funcionar muy bien, pero el matrimonio puede ser más complicado.

♉

Tauro

El inconveniente de esta unión entre iguales puede ser el aburrimiento, porque aunque ambos son trabajadores y afectuosos, pueden carecer de esa chispa inicial que hace despegar las relaciones.

♊

Géminis

OLos opuestos se atraen y esta combinación de tierra/aire podría tener alas, aunque probablemente solo a corto plazo, porque la actitud volátil de Géminis tiende a chocar de frente con la necesidad básica de seguridad y constancia de Tauro.

♋

Cáncer

Esta combinación funciona bien con facilidad, porque el compromiso que ambos sienten con la seguridad del hogar los ayuda a forjar un vínculo duradero. Ambos son muy sensuales, lo que augura una vida sexual igualmente armoniosa.

♌

Leo

Esta combinación tierra/fuego puede funcionar bien, porque une dos egos fuertes y que coinciden en sus apetitos físicos, aunque la reticencia de Tauro y la necesidad de grandes gestos de Leo puede dar lugar a cierta tensión.

♍

Virgo

La unión de estos dos signos de tierra bien avenidos y con un amor compartido por la continuidad y el orden es un vínculo profundo esperando a hacerse realidad. Aunque Tauro puede resultar un poco demasiado físico para Virgo, a este le irá bien el aporte de pasión adicional.

Tauro

Libra

Venus rige a los dos signos, que comparten el amor por la belleza y el lujo. Aunque la cualidad aérea de Libra podría aligerar al terrenal Tauro, la atracción puede ser breve y acabar convirtiéndose en fuente de conflicto.

Escorpio

Aunque, a primera vista, la compatibilidad entre estos dos signos no es evidente, lo cierto es que comparten un vínculo sexual que puede hacer que salten chispas entre ellos. Sin embargo, ambos tienden a ser posesivos, lo que puede dar lugar a fricciones.

Sagitario

La atracción sexual entre estos dos signos es inmediata, por lo que no se aburren nunca, pero la actitud espontánea de Sagitario puede chocar con Tauro, que acostumbra a preferir una existencia más tranquila y hogareña.

Capricornio

Con dos signos directos, físicamente complementarios y con muchos objetivos comunes, puede que esta combinación no sea la más romántica, pero se basará en una amistad sólida animada por un sentido del humor parecido.

Acuario

La faceta altamente innovadora y cerebral de este signo aéreo y poco convencional tiende a chocar de frente con el enfoque más terrenal de Tauro, por lo que esta combinación acostumbra a ser demasiado limitante para Acuario y no suele ir más allá de una aventura pasajera.

Piscis

BAunque ambos son signos muy sensuales, es posible que la imaginación del acuático Piscis sea demasiado escurridiza para el terrenal Tauro que, a pesar de todo, valora la faceta creativa de Piscis. Este equilibrio también puede funcionar bien en el dormitorio.

La escala del amor de Tauro

Menos compatible

Acuario　Tauro　Libra　Escorpio　Piscis　Capricornio

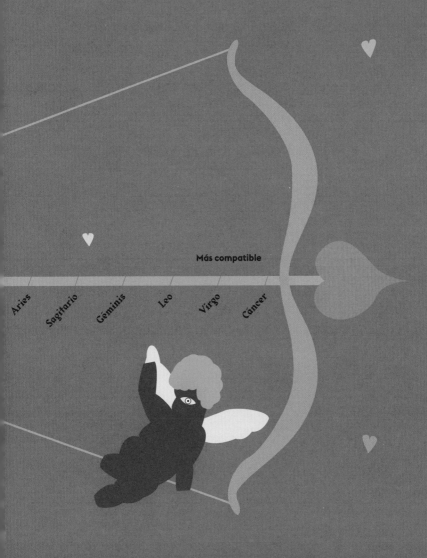

Más compatible

Aries   Sagitario   Géminis   Leo   Virgo   Cáncer

Géminis

*

Los gemelos
20 DE MAYO–20 DE JUNIO

Géminis es un signo de aire mutable simbolizado por los gemelos. Siempre intenta considerar las dos caras de un argumento y su ágil intelecto está influido por Mercurio, su planeta regente. Tiende a eludir el compromiso y es el epítome de una actitud juvenil.

SIGNO OPUESTO

Sagitario

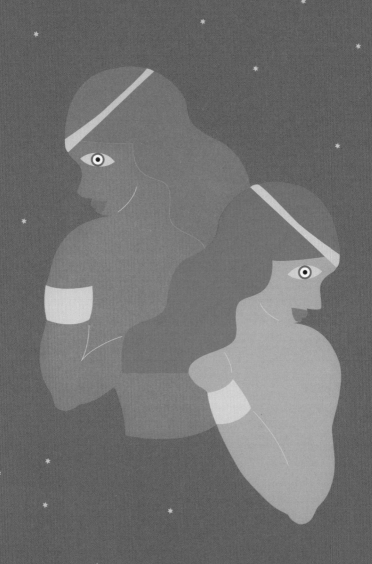

Cómo quiere Géminis que le quieran

Géminis quiere que lo amen por quien es, en cuerpo, mente y alma, pero no siempre es consciente de que para su pareja no es fácil reconocer inmediatamente cuál de sus múltiples yos ha entrado por la puerta. Es cierto que así obliga a sus parejas a prestar atención, pero es mucho que pedir a un compañero, por lo que Géminis ha de ser consciente de ello y es posible que, para conseguir lo que necesita, deba adaptarse a lo que necesita su pareja.

En su mente, Géminis dispone de mundo y tiempo suficiente para hacerle el amor lánguidamente a su pareja, pero la realidad es que está tan motivado que, con frecuencia, el romanticismo queda relegado a los últimos puestos de la lista, en algún punto entre limpiar el comedero del gato y salvar el mundo. Sí, no parece muy alentador para el futuro amante de Géminis, pero siendo consciente de ello es menos probable que se tome esta manera de actuar como algo personal.

La impredictibilidad de Géminis acerca de lo que quiere y no quiere puede resultar muy exasperante y ser un escollo para todo el que intente amarlo. Sin embargo, todo amante que pueda ayudar a Géminis a aliviar la presión a la que se somete él mismo y a crear espacio solo para ser, sin más, será recibido con los brazos abiertos. De todos modos, es un equilibrio muy frágil y, por si las cosas no fueran lo bastante complicadas, es muy probable que esto solo resulte aceptable si proviene de un amante con el que Géminis ya se ha comprometido.

¿En qué fiestas encontrarás a Géminis?

Géminis es el primero en llegar y el último en marcharse: este signo comunicativo y etéreo es el alma de las fiestas. Le gustan las reuniones numerosas, donde puede relacionarse, charlar y bailar hasta que sale el sol. Géminis es gregario por naturaleza y, mientras haya gente, la ubicación, la comida y la bebida no le importarán demasiado.

La vida sexual
de Géminis

Aunque Géminis no es un signo especialmente físico, le gusta abrazar y tocar y también responde bien al masaje en las manos, brazos y hombros, zonas que le resultan muy erógenas. Géminis es curioso, aventurero y espontáneo, por lo que se siente seguro de su cuerpo desnudo y el sexo con él puede ser divertido y exploratorio. No tiene nada en contra de las aventuras de una noche. De todos modos, y aunque Géminis disfruta del sexo físico, lo que realmente tiene trascendencia sexual para él es la unión de las mentes. El lenguaje erótico también puede ser uno de los elementos de la sexualidad de Géminis, porque la comunicación hablada es especialmente excitante y leer en voz alta puede ayudar a centrar los juegos previos. Los juegos de rol también pueden formar parte de su repertorio erótico.

El inconveniente es que, a pesar de su espontaneidad y de su disposición a practicar el sexo al aire libre o en el suelo de la cocina según sople el viento, Géminis puede ser demasiado rápido para el amante más sensual, que puede quedar desconcertado al ver convertido en tentempié lo que para él es un segundo plato. Cumplir un horario está muy bien, pero a Géminis le iría bien recordar que, a veces, saborear detenidamente las cosas, como el sexo, es mucho más placentero.

Vivir con Géminis

Si lo dejan tranquilo, convivir con Géminis es bastante fácil. Sin embargo, puede haber problemas si su pareja exige saber qué hace o a dónde va. No es que a Géminis le importe que la gente lo sepa, sino que, a menudo, ni él mismo lo sabe aún. Y eso hace que, con frecuencia, parezca que quiere guardar secretos; para él no es importante hacer planes y cumplirlos, y le cuesta entender que a los demás sí les importe. Por eso, y aunque se siente cómodo siendo impredecible y espontáneo, si Géminis quiere evitar alienar a su pareja, ha de tener en cuenta que esta manera de hacer puede desconcertar a los demás.

Independiente y extrovertido, Géminis disfruta de las relaciones sociales y no es habitual verlo encerrado en su habitación durante días. Por eso, su entorno doméstico inmediato no le suscita más que un interés pasajero. De todos modos, puede sufrir arrebatos de limpieza, que llevan a que su pareja llegue a casa y se encuentre con un espacio irreconocible donde sus pertenencias también han sido ordenadas y reorganizadas hasta el extremo.

Géminis
y las rupturas

Géminis acostumbra a pensar que, una vez ha tomado una decisión, esa es la buena, por lo que si ha decidido que la relación va perfectamente bien, puede distraerse con otras cosas, no ver las señales y quedar absolutamente sorprendido ante la ruptura. Una vez enfrentado a la situación, tiende a superarla racionalizándola y, con frecuencia, se niega a tener en cuenta sus propias emociones (o las del otro).

No es que Géminis no lo pase mal, sino que su estrategia consiste en racionalizar las emociones hasta tal punto que deja de sentirlas. Si es Géminis quien instiga la ruptura, no vacila y es un verdugo rápido, si no brutal, que no deja lugar a la ambigüedad. En este caso, lo que para él es evidente, puede ser una sorpresa inesperada para su pareja. En ambos casos, Géminis lo lanzará todo al aire y pasará página a toda velocidad.

Géminis y...

Aries

El aire de Géminis da oxígeno al fuego de Aries en una combinación de dos espíritus libres y de sangre caliente que se basa tanto en la amistad como en el deseo. Siempre que Géminis no se sienta limitado por la firmeza de Aries, esta pareja puede funcionar muy bien.

Tauro

Aunque la sencillez de este signo de tierra puede intrigar a Géminis, no le resultará especialmente atractiva, porque es muy probable que el terrenal Tauro no sea un reto suficiente para sus gustos aventureros.

Géminis

Aunque los gemelos se reconocen y se comprenden, esta combinación dual al cuadrado puede resultar demasiado frenética y volátil para durar, sobre todo cuando la relación sale del dormitorio.

Cáncer

La actitud juguetona de Géminis puede ser demasiado para la necesidad de seguridad de Cáncer. No saber exactamente qué está pasando da alas a Géminis, pero puede resultar insoportable para el sensible Cáncer, que prefiere aguas más tranquilas.

Leo

Es una buena combinación, que estos dos signos seguros de sí mismos, gregarios y dados a la extroversión juguetona pueden disfrutar, tanto dentro como fuera de la cama. Sin embargo, Géminis puede tener dificultades para satisfacer la necesidad de Leo de ser siempre lo primero en su vida.

Virgo

Ambos están regidos por Mercurio, por lo que hay una afinidad mental inmediata entre ellos. Sin embargo, la meticulosidad de Virgo tiende a aburrir y a agobiar a Géminis, así que esta combinación puede tener espinas desde el primer momento.

Libra

Intelectualmente, estos dos signos de aire crean una armonía encantadora. También acostumbran a estar de acuerdo y comparten la afición por los viajes y el ocio. Encajan bien sexualmente y ambos son tolerantes y relajados, por lo que se sienten cómodos en compañía del otro.

Escorpio

La pasión es inmediata en el dormitorio, pero supone un problema fuera del mismo, porque la naturaleza abierta de Géminis choca con la necesidad de intimidad de Escorpio. A no ser que ambas partes gestionen con tacto esta diferencia, la relación puede terminar casi antes de haber empezado.

Sagitario

Son signos opuestos, de modo que la atracción es tan potente como inevitable tanto en lo físico como en lo mental, pero ambos son inquietos por naturaleza y, si no toman conciencia de ello, puede impedir que se acaben comprometiendo.

Capricornio

La promesa de orden atrae a Géminis, que se puede beneficiar del equilibrio que le aportará Capricornio que, a su vez, verá aligerada su faceta más sombría. Sin embargo, todo es cuestión de equilibrio y, para alcanzarlo, tendrán que hacer acopio de paciencia y de tacto.

Acuario

Ambos comparten una actitud volátil e innovadora ante la vida, además de la tendencia a mostrarse impredecibles, por lo que esta es una combinación fácil en la que el afecto y el aprecio mutuos pueden forjar un vínculo feliz y duradero.

Piscis

Aquí, la pasión es explosiva y puede dar lugar a una atracción inicial muy potente, pero el etéreo Géminis no acaba de entender al imaginativo y sensible Piscis, cuya necesidad de seguridad tiende a irritarlo.

♊

Géminis

La escala del amor de Géminis

Menos compatible

Virgo   Cáncer   Géminis   Tauro   Piscis   Escorpio

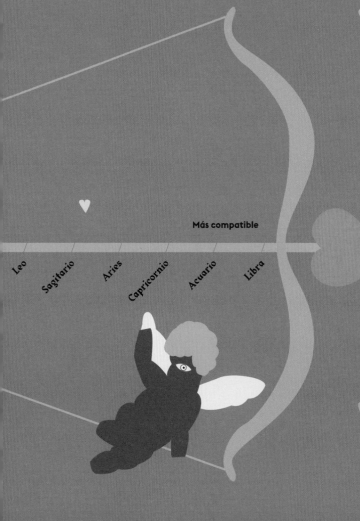

Más compatible

Leo

Sagitario

Aries

Capricornio

Acuario

Libra

Cáncer

∗

El cangrejo

21 DE JUNIO–21 DE JULIO

Representado por el cangrejo y la tenacidad de sus pinzas, Cáncer es un signo de agua cardinal, emocional e intuitivo que protege su sensibilidad con una coraza. La maternal Luna es su regente y la concha también representa la seguridad del hogar, con el que está muy comprometido.

SIGNO OPUESTO

Capricornio

Cómo quiere Cáncer
que le quieran

Muchos subestiman la faceta precavida de Cáncer, que se aproxima al agua y, entonces, vuelve rápidamente hacia atrás. Se comporta de la misma manera en lo que concierne al amor, por lo que necesita sentirse muy seguro y que le demuestren que vale la pena mojarse. Nunca actúa antes de estar seguro, pero una vez lo hace, ya está: se compromete. Por indeciso que parezca, una vez se ha comprometido, Cáncer se aferrará y será leal hasta el extremo. Por supuesto, espera ser tratado de la misma manera y no reacciona nada bien cuando le toman el pelo. Nunca hay que «dar caña» a un Cáncer para despertar su interés. No le gusta y se irá. No le van los jueguecitos.

Entonces, ¿qué busca Cáncer? Seguridad y amabilidad, esas son las palabras clave. Necesita saber que es importante para su pareja. Además, se trata de un signo muy sensual que necesita pasión de verdad. Es algo que no se puede fingir y Cáncer detectará la más mínima falta de sinceridad. Para que haya cualquier tipo de trascendencia en el dormitorio, Cáncer necesita sentirse seguro en el resto de la casa, algo clave para esta criatura regida por la Luna y su influencia fluctuante. El romanticismo también es importante, sobre todo en las primeras citas, donde la luz de la luna teje su propia magia. Inevitablemente, una de las maneras de llegar al corazón de Cáncer es el estómago, y es muy probable que la oferta de una comida casera le resulte mucho más atractiva que la de cenar en un restaurante.

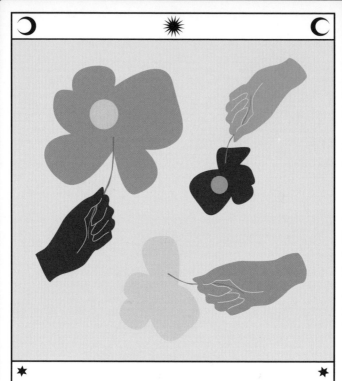

Qué flores regalar
a Cáncer

El jazmín, níveo y de aroma dulce, pero con la
tenacidad y la capacidad necesarias para envolver los
muros de una casa, y la campánula son dos de las flores
de Cáncer. También lo es el acanto, cuyas flores blancas
y de un malva pálido simbolizan el renacimiento,
la inmortalidad y la curación.

La vida sexual de Cáncer

En el dormitorio, Cáncer es un amante sensible, centrado en el placer de su pareja, empático y, en ocasiones, casi demasiado preocupado por gustar, como si olvidara que el sexo es cosa de dos y que recibir es tan placentero como dar. Esta seguridad en sí mismo es, en parte, fachada: una protección que oculta un alma sensible y amable. Cuanto más seguro se sienta Cáncer, más se relajará y se dejará llevar por el momento, arrastrado lejos de su yo físico inmediato por la marea de emoción.

Aunque se tarda bastante tiempo en acercarse a Cáncer, lo cierto es que merece la pena. Le gusta tomarse su tiempo en el dormitorio y casi nunca tiene prisa. Suele preferir los encuentros sensuales y es capaz de mostrarse muy imaginativo y juguetón una vez está seguro del compromiso de su pareja. Por supuesto, también puede mantener relaciones esporádicas, pero Cáncer prefiere sobre todo las relaciones en las que el sexo pueda existir, florecer y comunicar emociones genuinas. Los masajes pueden ser un elemento clave en los juegos previos de Cáncer, ya que la atención al cuerpo lo ayuda a abrirse y a salir del caparazón.

Vivir con Cáncer

A pesar de ser hogareño, no es necesariamente un signo de convivencia fácil, porque su vida interior es tan activa que su pareja no siempre tiene manera de saber qué sucede en su mente intuitiva e imaginativa. Si está en silencio, tanto puede ser que se halle en un proceso de introspección dichosa, que esté pensando en un tema del trabajo o que esté triste. Y aunque Cáncer se siente seguro rodeado de familiares y amigos, también necesita mucho tiempo a solas para procesar sus emociones, a veces para exasperación de quienes lo rodean y que acostumbran a malinterpretar lo que sucede.

    También es un gran coleccionista y esta afición se puede hacer evidente en un apego sentimental a posesiones que carecen de significado evidente para nadie que no sea él. Así que esa colección de programas de obras de teatro es esencial, así como la taza descantillada que usó en su infancia. Por el contrario, cuando le da el arrebato, puede ser abrupta y despiadadamente minimalista y hacer una limpieza general drástica.

Cáncer
y las rupturas

A Cáncer le puede costar mucho dejar atrás una relación o historia amorosa, incluso aunque sea él quien ha instigado la ruptura. El problema de este estilo tan indeciso es que envía mensajes contradictorios y, a la larga, ambas partes acaban sufriendo más. Y, como reacción ante toda esta emoción, el cangrejo puede optar por retirarse y desaparecer.

Puede hacerlo si es la parte abandonada, y rechazará el amor y el apoyo de familiares y amigos bienintencionados, de los que se aislará mientras sufra. Con Cáncer, es cuestión de todo o nada, así es como supera las dificultades, pero es necesario expresar las emociones y al final lo acabará haciendo, para pasar página.

Cáncer y...

Aries

Aunque la atracción sexual entre esta combinación de signos de fuego y aire eche chispas, Aries puede sentirse cohibido por la tendencia de Cáncer a ponerse a la defensiva y, además, la domesticidad del cangrejo puede alimentar el deseo de Aries de salir huyendo.

Cáncer

Se entienden muy bien, pero, con tanto en común, ¿cómo irá la relación? En la cama son una combinación sensual, pero fuera de ella puede haber demasiada posesividad y necesidad, a no ser que sean capaces de dar un paso atrás de vez en cuando.

Tauro

Ambos encuentran en el otro el afecto que anhelan y, sexualmente, funcionan bien. Cáncer puede sacar a la luz la faceta más imaginativa del leal Tauro que, a cambio, tolera y contiene la tendencia de Cáncer al mal humor.

Leo

El optimismo de Leo atrae a Cáncer, pero a largo plazo la exuberancia continuada y la necesidad de adulación pueden resultar problemáticas para un ser sensible y que necesita sentirse seguro, como es Cáncer.

Géminis

Aunque al principio se puede sentir atraído por Géminis, este puede resultar demasiado volátil para el cangrejo, que anhela seguridad. Por otro lado, el intelecto de Géminis tiende a chocar con la actitud intuitiva con que Cáncer aborda la vida, aunque esa misteriosa cualidad aérea puede airear parte de su pensamiento.

Virgo

La meticulosidad de Virgo encaja con la necesidad de seguridad de Cáncer y el equilibrio entre emoción e intelecto está ahí. En consecuencia, la armonía y el afecto caracterizan a esta unión desde el principio.

Libra

Cuando la actitud emotiva de Cáncer ante el amor topa con la necesidad de equilibrio intelectual de Libra, pueden aparecer roces que complican que el uno entienda lo que necesita el otro. Aunque el compromiso con crear un hogar bello puede ayudarlos, es posible que no sea suficiente.

Escorpio

Estos dos signos se entienden muy bien y el compromiso y el afecto de Cáncer ayudan a Escorpio a sentirse muy seguro, lo que reduce las probabilidades de que use su aguijón y crea espacio para la intimidad física y emocional que ambos anhelan.

Sagitario

La naturaleza volátil de este signo de fuego hace que Cáncer se sienta demasiado inseguro, mientras que su faceta más sensible y doméstica tiende a irritar a Sagitario, que es un amante de la libertad. A largo plazo, son mejores amigos que amantes.

Capricornio

Los opuestos astrológicos siempre se atraen, al menos al principio, pero Cáncer puede interpretar la reserva y la independencia de Capricornio como un rechazo, por lo que, con el tiempo, esta combinación acaba siendo complicada.

Acuario

Acuario es demasiado desapegado, intelectual e impredecible para satisfacer la necesidad básica de atención de Cáncer. Aunque Acuario puede despertar el interés sexual de Cáncer, su compromiso emocional es demasiado débil para permitir que la atracción vaya mucho más allá del dormitorio.

Piscis

Ambos son signos de agua imaginativos, pero cada uno lo es a su manera. Uno es un signo de acción y el otro, de trabajo. Son compatibles sexualmente y el afán de protección de Cáncer encaja muy bien con la visión romántica de Piscis. Se entienden y funcionan bien juntos.

La escala del amor de Cáncer

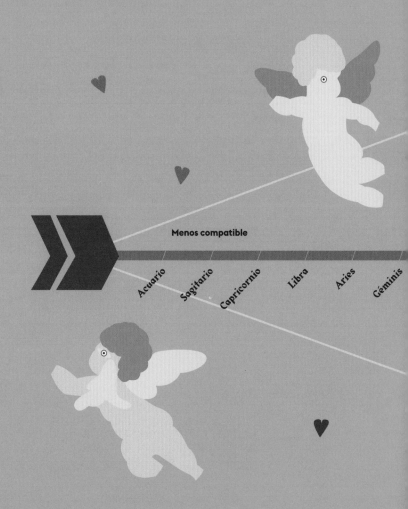

Menos compatible

Acuario Sagitario Capricornio Libra Aries Géminis

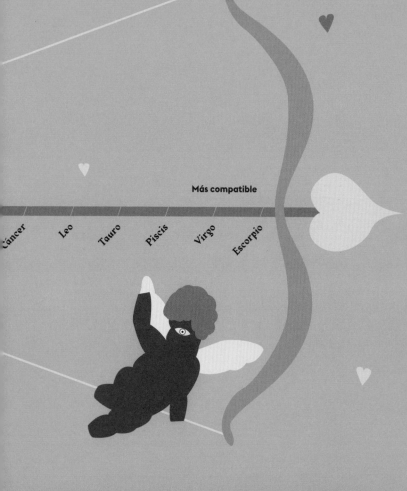

Más compatible

Cáncer   Leo   Tauro   Piscis   Virgo   Escorpio

Leo

✷

El león

22 DE JULIO—21 DE AGOSTO

Leo, un signo de fuego fijo, está
regido por el Sol y adora brillar.
Es un idealista nato, positivo
y generoso hasta el extremo.
Representado por el león,
Leo puede rugir orgulloso y
mostrarse seguro de sí mismo
y muy resuelto, con una gran fe y
confianza en la humanidad.

SIGNO OPUESTO

Acuario

Cómo quiere Leo que le quieran

En pocas palabras: incondicionalmente y con adoración. A primera vista parece sencillo, pero Leo es más complicado de lo que aparenta y, además, también es uno de los signos más orgullosos del Zodíaco, algo que se puede convertir en un problema. De hecho, su aparente necesidad de adoración incondicional (así como su reacción cuando no la consigue) se puede deber a una profunda inseguridad oculta bajo una extroversión arrogante.

Debido a esta paradoja amar a Leo puede ser complicado y tarda más en comprometerse de lo que podría parecer a primera vista. Si Leo tiene cierta reputación de tener aversión al compromiso, en realidad se puede deber a su incapacidad para creer que merece ser amado. Y, como desde fuera se le ve tan seguro de sí mismo, esta faceta queda oculta tras una actitud de indiferencia. A veces, hay que ser muy paciente para ir derribando las barreras autoimpuestas.

Leo también quiere divertirse, divertirse y divertirse, por lo que hay que tratarlo con cuidado. No es dado a la introspección profunda de algunos de los signos de agua, y responderá bien a citas con actividades sencillas, ya se trate de una cena de lujo, de una película divertida en el cine, de jugar al Twister o a las adivinanzas. Leo valora la diversión casi tanto como un niño. Hacer cosas juntos y construir relaciones a partir de intereses y actividades compartidos (como escalar o bailar salsa) puede ser una manera fantástica de amar a Leo. Aunque si tenemos en cuenta todo esto da la impresión de que ser pareja de Leo es cosa de valientes, detrás de ese ego hay un amante afectuoso, cariñoso y leal. Recuerda que muchos leones se emparejan de por vida, por lo que a veces se dedican a jugar y a tener aventuras antes de hacerlo.

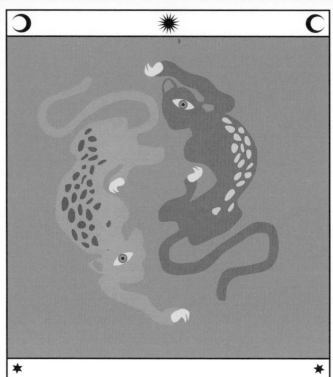

Qué mascota tener
con un Leo

Todos los felinos. Desde el gato persa con pedigrí y el
arrogante siamés hasta el romano doméstico, pasando
por el carey tricolor, Leo ha de tener gato. Se trata de
una mascota con la proporción ideal de independencia
y ganas de juego, y el antiguo adagio «un gato puede
mirar a los ojos a un rey» resume la relación que existe
entre un gato y su amo Leo.

La vida sexual
de Leo

Para un signo sensual como Leo, el sexo es un placer que en ocasiones lo hace ronronear y en otras, rugir, y no hay mejor lugar por donde empezar que la espalda. Es una zona especialmente erógena para Leo y un masaje completo a lo largo de toda la columna hasta llegar a las nalgas será un punto de partida ideal. Leo también aborda esta faceta como una representación, pero es muy generoso y en el dormitorio le gusta dar tanto como recibir: forma parte de su magnanimidad regia. Parte de la sensualidad de Leo consiste en mirar, por lo que es poco probable que opte por la oscuridad completa, y le gusta oír lo bien que va todo, no solo con lenguaje explícito «durante», sino también con elogios «después». En resumen, para Leo hacer el amor es una actividad multifacética, y centra toda su atención en compartir una experiencia fantástica.

Aunque Leo es sexy, también entiende la importancia del romanticismo. Así que es muy posible que encienda velas y muy pocas veces se salta los preliminares. Es un signo aventurero y no le importa asumir cierto riesgo, así que el sexo al aire libre o en lugares inesperados puede estar en el menú. Lo que es seguro es que no se limitará al dormitorio. Con frecuencia también es divertido, porque es muy capaz de llevar a su pareja a la cama entre risas antes de que nadie se haya dado cuenta de lo serias que se están poniendo las cosas.

Vivir con Leo

La vida con Leo es de todo menos aburrida, excepto cuando duerme. En teoría, una vez te acostumbras a él resulta fácil vivir con este signo de buen carácter, porque parece que no hay demasiadas cosas que le molesten. Sin embargo, es él quien puede molestar a su pareja dejando un día tras otro la toalla del baño en el suelo o los platos sucios acumulados en el fregadero mientras sale corriendo a su siguiente aventura... o, sencillamente, intenta no llegar tarde al trabajo.

Establecer turnos para las tareas domésticas no funciona con Leo, porque el rey de la jungla tiene otras cosas en la cabeza y no deja que las minucias domésticas lo importunen. Sin embargo, la contradicción es que Leo quiere vivir en un entorno cuidado y no es perezoso por naturaleza. Lo que sucede es que prefiere que sea el otro el que se encargue del trabajo doméstico duro porque, francamente, cree que no es digno de él. Si alguno de los miembros de la pareja sugiere contratar a alguien para que limpie, puedes apostar a que habrá sido Leo.

Si Leo tiene problemas contigo te lo hará saber, pero no suele ser rencoroso. Es un león rugidor pero poco mordedor y olvida rápidamente las discusiones.

Leo
y las rupturas

La ruptura será inevitablemente dramática, ya que un león herido ruge con fuerza, ya sea porque se le ha clavado una espinita en la pata o porque ha sufrido una herida mortal. Otra de las reacciones posibles de Leo ante una ruptura es hacer caso omiso de ella: hace ver que todo va bien y que, de todos, modos, tampoco le importa mucho, aunque por dentro tenga el corazón hecho pedazos. Tanto si ruge como si sufre en silencio, intentara demostrar al mundo que no le importa nada lanzándose a la vida social con un ímpetu extravagante y agotador. Lo bueno de Leo es que su corazón se recupera con rapidez y no tardará mucho en volver a tener citas. Es magnánimo y espera poder ser amigo de sus ex en algún momento en el futuro.

Leo y...

♈ Aries

Diríamos que estos dos signos de fuego son la pareja ideal si no fuera por un pequeño detalle: sus egos igualmente grandes. Sin embargo, si son capaces de usar su conexión natural para superarlo, tanto en la cama como en el resto de lugares, la felicidad reinará en esta unión.

♉ Tauro

Esta combinación puede ser complicada por el choque inmediato entre la exuberancia de Leo y la cautela de Tauro. Luego, la tozudez del toro, empeñado en hacer que el león ponga los pies en el suelo, puede hacer que ambos acaben hechos un mar de lágrimas. Demasiado complicado para la mayoría.

♊ Géminis

La independencia, la alegría de vivir y el glamur caracterizan a esta pareja amante de la diversión y que puede tener dificultades para pasar de la cama al mundo real. Sin embargo, si el aéreo Géminis es capaz de comprometerse con la exigente manera de hacer de Leo, la relación puede funcionar bien.

♋ Cáncer

Esta relación está dominada por el romanticismo y puede ser muy armoniosa, ya que la lealtad y la intensidad de Cáncer satisfacen con creces la necesidad de adoración de Leo. Sin embargo, Leo ha de recordar que la necesidad de reconocimiento público puede hacer que Cáncer se sienta inseguro.

♌ Leo

Si estos dos grandes egos son capaces de superar su inclinación natural hacia la rivalidad, puede ser una relación emocionante e intensa, aunque tendrán que decidir quién manda, o turnarse. De otro modo, es muy probable que la pasión se apague.

♍ Virgo

Es una combinación poco probable, porque la fría inteligencia de Virgo y su negativa a dejarse arrastrar por los planes especulativos pueden apagar la naturaleza exuberante de Leo, que, además, se siente desconcertado por la sutileza y la atención al detalle de Virgo, porque él es más de atender el interés general.

Leo

Libra

Ambos comparten el amor por la belleza y esa apreciación de lo estético hace que tengan muchas cosas en común. Además, la dominancia de Leo no irrita a Libra, que prefiere que sea otro el que tome las decisiones, tanto dentro como fuera del dormitorio.

Capricornio

La actitud glamurosa de Leo y el enfoque más bien práctico de Capricornio no acaban de encajar, y el segundo parece desaprobar la manera de hacer del primero. Dadas sus posiciones de partida, tampoco son muy capaces de acordar un punto medio.

Escorpio

En este caso, puede haber una colisión entre la actitud extrovertida y despreocupada de Leo y la tendencia de Leo a la intensidad y al secretismo. El choque de temperamentos básicos no resulta fácil de entender, ni de aplacar, para ninguno de los dos.

Acuario

A pesar de la atracción inicial, que puede llevarlos a la cama, Leo necesita un amante que, como mínimo, finja adorarlo. La volátil indiferencia de Acuario le causa perplejidad y, al final, se siente rechazado. Leo necesita ser necesitado... y Acuario no lo necesita.

♌
Leo

Sagitario

Ambos tienden a la libertad y a la aventura y reconocen en el otro un optimismo y una exuberancia que los une y los excita también en el dormitorio, donde sus naturalezas fogosas mantendrán encendida la llama de la pasión mucho más allá de su primera cita.

Piscis

A Leo le cuesta gestionar la faceta mística de Piscis, completamente opuesta a su necesidad de relacionarse en un escenario público. Si no llegan a un acuerdo, la extroversión de Leo chocará con la necesidad de Piscis de una vida más contemplativa.

La escala del amor de Leo

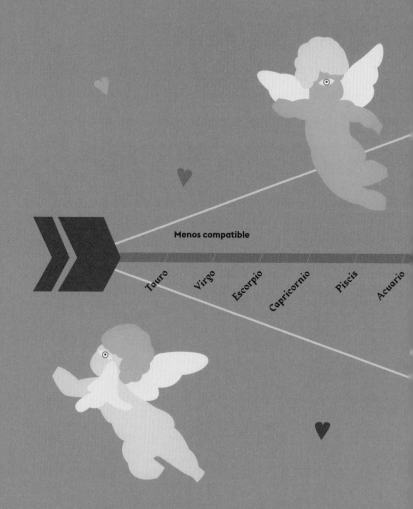

Menos compatible

Tauro Virgo Escorpio Capricornio Piscis Acuario

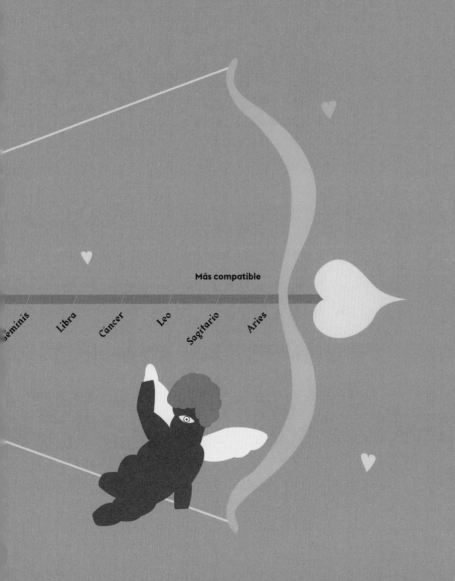

Más compatible

Géminis · Libra · Cáncer · Leo · Sagitario · Aries

Virgo

*

La virgen

22 DE AGOSTO–21 DE SEPTIEMBRE

Virgo, representado tradicionalmente por una doncella o una virgen, es un signo de tierra mutable, orientado al detalle y con tendencia a la autonomía. Mercurio es su regente y lo dota de un intelecto agudo que puede llevarlo a la autocrítica. Acostumbra a cuidar mucho de su salud.

SIGNO OPUESTO

Piscis

Cómo quiere Virgo
que le quieran

La contención que caracteriza a muchos Virgo puede dificultar
que pidan el amor y el afecto que necesitan, pero Virgo es capaz
de sentir un amor profundo y sólido. En consecuencia, y aunque
es poco probable que lo demuestre, se puede sentir herido cuando
su reserva o su actitud práctica ante el amor son malinterpretadas
como un rechazo. Hasta que no se sienta amado de verdad, Virgo
no se sentirá lo suficientemente seguro para abandonar su conducta
defensiva, desinhibirse, mostrarse más apasionado. De todos modos,
no siempre le resulta fácil: muchos que han querido acercarse a
Virgo han temido equivocarse o ser criticados por él, por lo que
no han dado el primer paso. En realidad, Virgo detesta herir los
sentimientos de los demás y no siempre se da cuenta de que lo hace,
porque sencillamente está siendo de lo más lógico.

Superar este primer obstáculo exige mucha paciencia a quien
quiera ser su pareja. Además, Virgo ha de sopesar todas evidencias
que pudieran indicar que esa persona *no* es la ideal. Por eso, puede
tender a ser muy deliberado, si no quisquilloso, con una lista de
requisitos que puede parecer superficial a los demás pero que, para
Virgo, no es más que una tarea preliminar indispensable, por mucho
que le gustes.

Cuando la tendencia a pensarse las cosas llega al extremo,
Virgo se puede convertir en su peor enemigo. Es entonces cuando su
actitud hiperlógica puede interferir con la necesidad de renunciar
a algún aspecto para conseguir lo que quiere. Y lo que quiere es
alguien que sepa ver más allá de sus limitaciones autoimpuestas y
que lo ame completa y apasionadamente.

De qué color ir vestido
a una cita con Virgo

Azul o naranja, o bien de la cabeza a los pies, o bien en detalles sutiles, como la clásica raya diplomática. Lleva ropa de estos colores para atraer la energía de Virgo y, si no tienes ropa de estos colores, opta por incluirlos en los accesorios (zapatos, guantes, calcetines, sombrero o incluso ropa interior).

La vida sexual de Virgo

Tal y como cabe esperar de un signo que disfruta planificando eventos, los amantes de Virgo se pueden sentir muy cuidados por la gran atención que presta a los detalles. Es capaz de ser espontáneo y desinhibido, pero le gusta gestionar la escenificación. Y es que cuando lo que está en juego es el placer vale la pena esmerarse, ¿o no? Sin embargo, hay una gran diferencia entre esmerarse un poco y en dar instrucciones en la cama y, a veces, Virgo debe acordarse de ser diplomático y callar.

El instinto de dar el cien por cien a su pareja hace de Virgo un amante sensible, siempre que pueda resistirse a comprobar mentalmente que todo va bien y sea capaz de abandonarse. Virgo también ha de recordar que, cuando se trata de hacer el amor, recibir placer es tan importante como darlo y que el dormitorio es un sitio donde la perfección no importa en absoluto, porque la clave está en la confianza y en compartir y crear algo especial entre las dos personas que hay en la habitación. Cuanto más seguro se sienta Virgo de la relación, más fácil le resultará relajarse y será entonces cuando la magia del erotismo se podrá hacer realidad.

Vivir con Virgo

Virgo es célebre por lo pragmático y lo cuidadoso que es, por lo que, en teoría, debería ser un compañero de piso ideal. Repito: en teoría. En algunos casos, la faceta organizada de Virgo no siempre es evidente en su entorno doméstico. Es posible que su mente esté ordenada, que siempre se presente bien vestido, que la bañera esté impoluta y que en la nevera no haya ni un envase pasado de fecha, pero su dormitorio puede ser tan caótico como el del peor adolescente. Aunque el orden es importante en algunos aspectos, el sentimiento puede pesar más en otros y tirar las cosas no siempre es el fuerte de Virgo, que puede acabar acumulando muchos objetos.

Dónde y con quién vive es muy importante para Virgo, pero no siempre será expresivo en este aspecto. Su naturaleza reservada significa que no siempre dice lo importante que su pareja es para él, aunque siempre será el primero en demostrar su compromiso con hechos. También estará dispuesto a mantener conversaciones hasta altas horas de la noche, ya sea acerca de la política nacional o del último cotilleo televisivo, y analizará la conducta humana tanto en un caso como en el otro. Además, Virgo estará encantado de escuchar tus problemas en el trabajo hasta bien entrada la madrugada.

♍

Virgo

Virgo
y las rupturas

Virgo no es un signo dependiente y puede dar la impresión de que se toma las rupturas con estoicismo. A pesar de ello, muchas veces se sorprende cuando tiene que vivir el fracaso de una relación, porque, al igual que con el resto de cosas en la vida, cree que debería haber sido capaz de arreglarlo. También tiende a racionalizar la situación y a ocultar sus emociones para protegerse, por lo que no siempre es evidente lo herido que está. Si ha sido el instigador de la ruptura, no lo habrá hecho sin un buen motivo, aunque en ocasiones sea más evidente para él que para su ex.

Bajo presión, el instinto de Virgo es controlar la situación (sea quien sea quien el que instiga la ruptura), lo que puede empeorar las cosas. Recuerda que lo mejor es dejar ir a quien se quiere marchar.

Virgo y...

Virgo

♈

Aries

La tensión entre el prudente Virgo y el impulsivo Aries es inmediata y puede dar lugar a malestar emocional entre ambos, a pesar de la intensa conexión intelectual y la atracción que puedan sentir.

♉

Tauro

Esos dos signos de tierra pueden convivir en buena armonía, porque ambos son prácticos pero sensuales al mismo tiempo. Coinciden en que crear un futuro seguro juntos significa crear un hogar agradable donde puedan vivir felices para siempre.

♊

Géminis

Ambos abordan la vida desde una perspectiva intelectual, por lo que sienten una afinidad inmediata, pero la cualidad aérea de Géminis acostumbra a ser demasiado impredecible para Virgo, cuya naturaleza terrenal lo afianza con fuerza en el suelo. Si no le dedican mucho tiempo de reflexión, esta relación puede ser complicada.

♋

Cáncer

Esta combinación es feliz y afectuosa, porque ambos reconocen la sensualidad oculta del otro, y encajan bien gracias a su necesidad de armonía doméstica. La tendencia protectora de Virgo complace al afectuoso Cáncer, que también ayuda a Virgo a sentirse seguro.

♌

Leo

La exuberancia de Leo puede ser demasiado para la naturaleza reservada de Virgo, tanto en el dormitorio como en la economía del hogar. La oposición a la extravagancia irrita a Leo, cuyo temperamento no encajará con el de Virgo, a no ser que tengan mucho cuidado.

♍

Virgo

Con tanto en común, para Virgo puede ser un alivio enamorarse de Virgo y en el dormitorio se dedicarán a conversar tanto como a otras cosas. Encajan tan bien juntos que el único inconveniente puede ser una ligera competición por ocupar el primer puesto.

Libra

A Libra le cuesta entender la naturaleza reservada de Virgo, que puede interpretar como rechazo aunque no sea así. Por su parte, a Virgo le parece que el amor de Libra por lo bueno de la vida es una frivolidad. Esta combinación necesita una gestión delicada.

Escorpio

Ambos admiran la mente del otro, pero a la naturaleza tan lógica de Virgo le cuesta aceptar la faceta más imaginativa de Escorpio. De todos modos, valora profundamente su lealtad, lo que puede ayudar a superar posibles conflictos.

Sagitario

A Virgo le cuesta entender al temerario viajero que es Sagitario y que choca con su necesidad de echar raíces. Aunque se trata de dos intelectos muy alineados, la diferencia de temperamentos hace muy probable que haya choques intensos.

Capricornio

La armonía entre la diligencia de estos dos signos de tierra es inmediata. A ambos les gusta la actitud deliberada del otro ante la vida y comprenden intuitivamente la necesidad de reconocimiento y de logros mutua.

Acuario

Aunque son parecidos en su actitud intelectual ante la vida, ambos son también bastante diferentes y, si se unen, esta característica se exacerba. Las ambiciones prácticas de Virgo no acaban de encajar con la implicación más cerebral de Acuario con la vida y esto puede causarles problemas.

Piscis

Es muy posible que entre estos dos signos haya demasiados opuestos que superar, porque la precisión de Virgo tiende a chocar con la visión más amplia de Piscis, que abarca todas las posibilidades. Por su parte, la actitud soñadora de Piscis puede resultar irritante para el pragmatismo de Virgo.

Virgo

La escala del amor de Virgo

Menos compatible

Sagitario Aries Piscis Leo Acuario Géminis

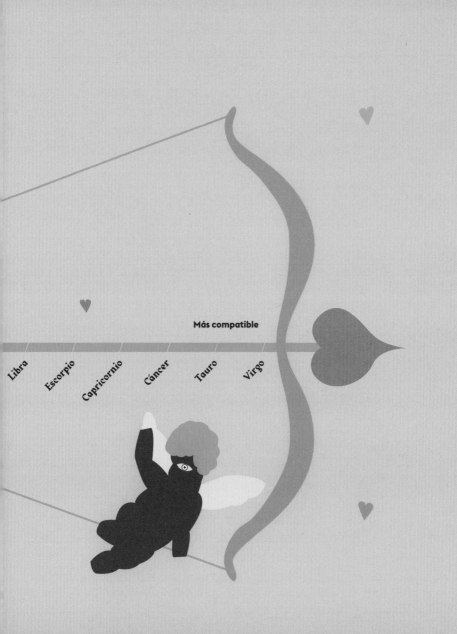

Más compatible

Libra   Escorpio   Capricornio   Cáncer   Tauro   Virgo

Libra

*

La balanza

22 DE SEPTIEMBRE–21 DE OCTUBRE

Libra, un signo aéreo cardinal regido por Venus, es el signo de la belleza, del equilibrio (de ahí la balanza) y de la armonía en un mundo que idealiza y al que dota de romanticismo. Con su gran sentido de la estética, Libra puede ser artístico y artesanal, pero también le gusta ser justo y puede ser muy diplomático.

SIGNO OPUESTO

Aries

Cómo quiere Libra
que le quieran

Venus, la diosa del amor, es la regente de Libra, para quien
el romanticismo es primordial. Le encanta conquistar y ser
conquistado y, por lo general, se siente mucho más equilibrado
cuando está enamorado o en una relación que cuando está solo.
A veces, puede dar la impresión de que Libra está enamorado
del amor y que disfruta del romanticismo, pero pierde de vista
la relación (o al menos sus aspectos más tediosos, como sacar la
basura).

A Libra le gusta que lo admiren (o que lo adoren incluso), tanto
a distancia como de cerca, en parte porque, a pesar de la facilidad
con la que se relaciona con los demás, no siempre es el más seguro
de los signos del Zodíaco. Como pide confirmación continuamente,
puede parecer que es un signo dependiente, pero no es tanto eso
como el hecho de que valorar la situación constantemente puede
afectar a su autoestima. Aunque Libra acostumbra a tener buen
instinto, a veces le da miedo fiarse del mismo y habla de la relación
con su pareja en un esfuerzo para que todo parezca más real, sólido
y fiable.

Es algo idealista y tiende a proyectar sus ideales en su pareja,
por lo que acaba decepcionado con frecuencia y, en ocasiones, no
acaba de conectar con la realidad de la relación. De todos modos, en
el fondo es tan vulnerable como el que más en la búsqueda del amor
verdadero. No hay que dejarse engañar por las artes de seducción
y el brillo de Libra: aunque su reserva genera un aura que parece
decir «se mira pero no se toca», cuando encuentra a alguien que le
permite bajar la guardia, este signo es una pareja fantástica.

Libra

A dónde llevar a Libra de vacaciones

Para relajarse, Libra necesita un entorno bello y estimulación intelectual, por lo que destinos culturales con gran cantidad de arte, arquitectura o música son un acierto seguro, sobre todo si se trata de destinos urbanos. Los festivales de música también le atraen, aunque será mejor que la oferta de alojamiento sea glamurosa, porque Libra y los campos embarrados casi nunca son una buena combinación.

La vida sexual
de Libra

Para Libra, el sexo casi nunca se circunscribe al cuerpo, sino que necesita sentir una conexión mental potente, hasta el punto de que incluso hablar de sexo puede resultarle muy excitante. Acostumbra a ser muy creativo en lo que concierne al placer erótico, ya que presta mucha atención a la seducción y a los juegos preliminares. La piel es muy sensible y las caricias y los masajes excitan rápidamente a Libra, sobre todo en la espalda, la región lumbar y las nalgas, que son zonas especialmente erógenas para este signo. Además de recibir placer, a Libra le gusta dárselo a su pareja y observar el placer sexual de su amante. El goce mutuo aumenta el placer erótico de Libra, que es un amante muy generoso.

Sin embargo, necesita sentirse valorado y escuchar palabras de aliento, a las que responde con rapidez. Con frecuencia, Libra puede ser reservado y selectivo, aunque parezca estar muy seguro de sí mismo sexualmente y plantee directamente lo que quiere. Necesita equilibrio, pero la línea es muy sutil y cualquier cosa demasiado basta o agresiva puede apagar su pasión. El romanticismo y el diálogo encienden la atracción sexual para Libra, cuyo fuego se verá alimentado aún más por los halagos y los elogios en el dormitorio.

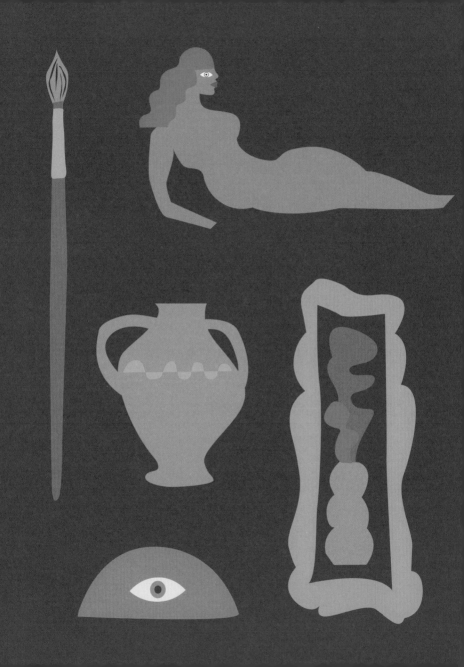

Vivir con Libra

Es bastante fácil en teoría, pero, en la práctica, vivir en armonía con él puede exigir someterse a sus demandas. Este rasgo no siempre es evidente al principio, porque puede ser encantador y se muestra dispuesto a hablar y a debatir las cosas; sin embargo, sus parejas acaban descubriendo que han accedido a hacer lo que Libra quiere, aunque solo sea para poner fin a la conversación.

Aunque el hogar no siempre es una prioridad tan importante para Libra, le importa mucho el aspecto que tenga y querrá tener lo mejor que se pueda permitir, a pesar de que no se apega emocionalmente a los objetos. Su gusto personal puede llevarlo a mostrarse quisquilloso con el sitio donde se dejan las cosas, y desordenar los objetos de decoración que ha dispuesto tan esmeradamente no es muy buena idea. Todo esto puede hacer que compartir su espacio le resulte complicado.

Acostumbra a ser limpio y ordenado y se esforzará en evitar discusiones acerca de a quién le toca poner la lavadora o pasar el aspirador, a veces limitándose a hacerlo él. A pesar de que tiende a rehuir el conflicto, si cree que está siendo objeto de una injusticia sacará las uñas y puede haber problemas, aunque lo cierto es que hace falta mucho para llevar a Libra a una confrontación directa.

Libra
y las rupturas

Libra es el signo de las asociaciones y puede comprometerse mucho con una relación por la relación misma. A veces sigue aferrado a ella mucho después de que haya dejado de funcionar, porque se compromete tanto con la relación como con la persona. Además, no soporta herir los sentimientos de los demás.

Las rupturas son difíciles para todos, pero, además, Libra siempre querrá entender por qué ha sucedido y los motivos que han llevado a ello. Al igual que otros signos de aire que intentan superar los problemas mediante la razón, Libra acostumbra a intentar entender cómo se siente él (o su pareja), a pesar de que no siempre es posible. Es una lección difícil para Libra, pero algo que debe aprender de las rupturas, independientemente de quién haya roto con quién.

Libra y...

Libra

Aries

La conexión física entre el aire y el fuego prende con rapidez, pero, a pesar de la atracción inicial que despierta la pasión de Aries, la naturaleza más reservada de Libra puede causar fricciones.

Tauro

La conexión entre estos dos signos es sólida, porque ambos aman el arte y la música y, como están regidos por Venus, valoran los lujos de la vida. A pesar de que también hay una buena conexión sexual, a Libra se le puede acabar haciendo pesado que Tauro siempre tenga los pies firmemente plantados en el suelo.

Géminis

Esta combinación desenfadada funciona muy bien, porque a estos dos signos de aire les encanta flirtear y, aunque es probable que haya muchas más palabras que acción verdadera (debido a que ambos tienden a la indecisión), al final acabarán seduciéndose mutuamente de camino a la cama.

Cáncer

Cáncer es un signo de agua que necesita respuestas emocionales, por lo que puede presentar dificultades para el aéreo Libra, cuyo compromiso con el hogar tiende a ser bastante superficial en comparación con el del cangrejo. Ambas partes necesitarán reflexionar cuidadosamente y comunicarse para evitar los malos entendidos.

Leo

Libra tiene el tacto suficiente para gestionar al temperamental Leo y, como ambos son juguetones y disfrutan de las relaciones sociales, forjan un vínculo instantáneo que pueden consolidar. Sin embargo, la reserva de Libra no podrá hacer nada contra el sensual fuego del león.

Virgo

La actitud de Libra puede ser demasiado desenfadada para el serio y terrenal Virgo. Aunque la atracción entre opuestos puede funcionar al principio, ambos tendrán que negociar si quieren superar sus diferencias básicas.

Libra

Aunque se reconocen el uno en el otro, no hay mucho que los consolide y puede dar la impresión de que juegan a quererse en lugar de hacerlo de verdad. Cuando se trata de equilibrio, es muy posible que necesiten más de su pareja para poder ir más allá de la atracción inicial.

Escorpio

Al principio, el amor entre estos dos puede ser muy estimulante, pero el proverbial aguijonazo del escorpión puede ser demasiado para el diplomático Libra, cuya actitud ligera y coqueta en relación con el sexo quizás no acabe de encajar con la intensidad sensual de Escorpio.

Sagitario

REl romanticismo es uno de los aspectos clave de esta unión, ya que a Sagitario le cuesta resistirse al intelecto y el encanto de Libra. A su vez, la actitud extrovertida y aventurera del signo de fuego atrae a Libra y lo ayuda a desprenderse de su reserva inicial.

Capricornio

Esta relación puede ser complicada al principio, cuando puede darse un choque inmediato si Capricornio no es capaz de ver más allá del frívolo exterior de Libra. Sin embargo, la conexión física puede ser muy fuerte y el pragmatismo del carnero puede ayudarlo a superar las dificultades iniciales.

Acuario

Estos dos signos de aire tienen mucho en común, pero lo que verdaderamente despierta el interés de Libra es la faceta experimental de Acuario, que lo abre a ideas y experiencias nuevas. Forjarán una relación basada en una amistad sólida y armoniosa.

Piscis

A pesar de una intensa conexión romántica inicial, el sentimentalismo de Piscis puede irritar al extrovertido Libra, que necesita relacionarse con gente y que no siempre es capaz de asegurar a Piscis que lo quiere de verdad mientras sale por la puerta.

Libra

La escala del amor de Libra

Menos compatible

Libra   Capricornio   Cáncer   Virgo   Leo   Escorpio

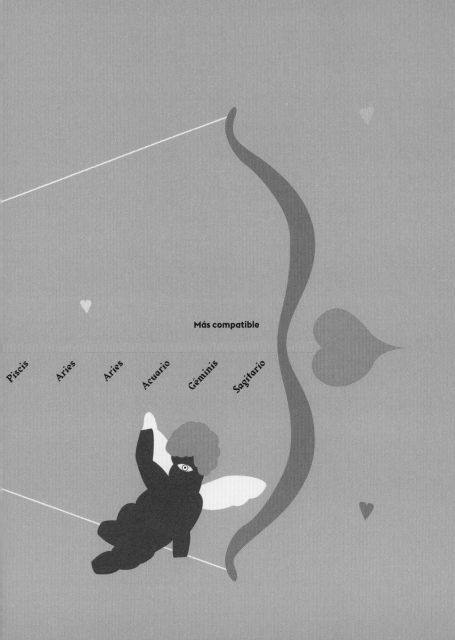

Más compatible

Piscis Aries Aries Acuario Géminis Sagitario

Escorpio

✳

El escorpión

22 DE OCTUBRE–21 DE NOVIEMBRE

Como buen signo de agua fijo,
Escorpio es dado a las emociones
intensas y su símbolo es el escorpión,
que lo vincula así al renacimiento
que sigue a la muerte. Sus regentes
son Plutón y Marte, se caracteriza
por una espiritualidad intensa y
emociones profundas y necesita
seguridad para materializar
su fuerza.

SIGNO OPUESTO

Tauro

Cómo quiere Escorpio
que le quieran

Escorpio quiere que lo amen completa, apasionada, emocional y físicamente. ¡Casi nada! Si parece una tarea monumental, es porque Escorpio tiende a ser el signo más intenso del Zodíaco y está dispuesto a invertirlo todo en una relación que espera que lo apoye en todos los sentidos.

Como Escorpio es tan reservado, nada de esto es necesariamente evidente. Su regente es Plutón, el dios del inframundo, y a veces le cuesta explicar cómo quiere ser amado, por lo que se puede sentir muy vulnerable y, en ocasiones, se pone a la defensiva sin necesidad. Es muy posible que el objeto del deseo de Escorpio no tenga ni la menor idea de lo que el escorpión siente por él hasta que se decide a declararse. Y, una vez lo ha hecho, le gustaría que la reciprocidad fuera inmediata, para poder empezar a construir confianza. Sin embargo, eso puede ser complicado, porque otros signos, especialmente los que se muestran más cautos en cuestiones de amor, pueden necesitar algo más de tiempo para sentirse tan enamorados como Escorpio. Es importante que Escorpio tenga esto en cuenta, porque puede entender que lo han rechazado cuando en absoluto ha sido así y lo único que sucede es que su pareja no le ha demostrado inmediatamente su deseo de compromiso.

Amar a Escorpio puede ser intensamente satisfactorio, aunque a veces cueste entender su necesidad de reafirmación constante. Necesita un tiempo para confiar en el otro y puede dar la impresión de que cuestiona constantemente el compromiso de su pareja. De hecho, es posible que sea así. Por suerte, una vez Escorpio se siente querido y seguro de la devoción, afecto y lealtad de su pareja, se relaja.

¿Cuál es el mejor día de la semana para llamar a Escorpio?

El martes, el día que lleva el nombre del dios de la guerra. Aunque Escorpio esté regido por Plutón, también conecta con la fuerza del planeta Marte. Por eso, el martes es su día.

La vida sexual de Escorpio

Hay una verdadera cueva secreta que explorar junto a Escorpio, aunque es importante recordar que, para él, el sexo es mucho más que la faceta física del amor. Al menos en la mayoría de ocasiones. Escorpio suele conceder una intensa cualidad espiritual al sexo y a su poder transformador para cambiar o consolidar una relación, por lo que las aventuras de una noche no le suelen interesar demasiado. Acostumbra a entender el sexo en el marco de una relación con la que él (si no su pareja) ya se ha comprometido.

Una vez en la cama puede demostrar una intensidad y una pasión difíciles de igualar, además de una curiosidad juguetona y la disposición a atender y explorar las necesidades de su pareja tanto como las propias, por lo que es un amante fantástico. De todos modos, Escorpio no es un signo que vaya directo al grano y es muy posible que, antes de llegar al sexo, haya que bailar una misteriosa danza previa. De hecho, y debido a su faceta más reservada, es posible que, al menos al principio, Escorpio parezca dar más de lo que recibe en la cama, aunque también es una manera de fomentar el compromiso de su pareja. Largas miradas intensas, muchos besos, muchas caricias... a Escorpio le gusta saborear todos y cada uno de los momentos sensuales.

Vivir con Escorpio

Escorpio suele pasar por alto las manías de sus parejas, porque las aborda con curiosidad y está dispuesto a tener en cuenta qué puede motivar la conducta de los demás. Es de mente abierta y vivir con él puede ser fácil, a no ser que el otro se aproveche de ello. En ese caso, el aguijonazo puede ser letal.

También es cierto que el umbral de tolerancia de Escorpio ante las tonterías es muy bajo y tiende a seguir su propio criterio y a alejarse de las situaciones que no le gustan. Aunque eso pueda alimentar su reputación de signo malhumorado, si no quiere prolongar una discusión o intervenir en una situación social, no lo hará. No es cuestión de mal humor, sino de que necesita recuperar su energía interior, que puede agotarse si se le exige demasiado. Pasar un tiempo a solas y en silencio es una de las maneras en que Escorpio recarga las pilas, por lo que no hay que tomárselo como algo personal.

Esta compleja combinación de necesidad de comunicación intensa y de necesidad de intimidad puede resultar desconcertante. Por su parte, Escorpio ha de recordar que, como el otro no puede leerle el pensamiento, puede malinterpretar lo que le sucede.

Escorpio
y las rupturas

El inconveniente de la necesidad de conectar profundamente
con el otro y de la tendencia a ser posesivo de Escorpio es que las
rupturas le pueden resultar muy difíciles. La confianza siempre es
de vital importancia para Escorpio y, aunque no lo parezca, antes de
depositarla en nadie habrá hecho un gran trabajo previo; por eso lo
pasa tan mal cuando esa confianza es traicionada. Además, Escorpio
es un signo fijo, lo que significa que le cuesta adaptarse a los
cambios y que, en ocasiones, espera a que la relación haya muerto
del todo para poder pasar página. Con frecuencia, intenta resucitarla
repetidamente, con lo que solo consigue prolongar la agonía.

Escorpio y...

Aries

Entre estos dos hay alta tensión sexual y, aunque son muchas las cosas que pueden hacer que esta atracción perdure, la naturaleza tan emocional y reservada de Escorpio puede exasperar a Aries, más abierto y de espíritu libre, que, a su vez, le puede parecer algo superficial al profundo signo de agua.

Tauro

Ambos signos comparten la tozudez y los celos, lo que podría suponer un problema. Y es una lástima, porque Escorpio disfruta del deseo y la potencia sexual del terrenal Tauro que, por su parte, disfruta de la conexión emocional más profunda que le ofrece Escorpio.

Géminis

El carácter en ocasiones frívolo de Géminis puede chocar con la necesidad de compromiso total de Escorpio y este ataque a su seguridad emocional puede superar a la atracción que Escorpio pueda haber sentido inicialmente por la mariposilla social.

Cáncer

La necesidad de afecto y de devoción de Escorpio encaja bien con la necesidad de seguridad de Cáncer y, aunque el cangrejo puede ser algo pasivo, responde bien al carácter posesivo y al ardor apasionado de Escorpio, por lo que esta es una buena combinación.

Leo

Aunque la atracción física entre estos dos signos es muy fuerte, la extravagancia y la necesidad de gestos románticos de Leo entran en conflicto con la necesidad de Escorpio de una conexión erótica más profunda, lo que puede dar lugar a dificultades complicadas de superar para estos signos de carácter tan fuerte.

Virgo

Las emociones profundas y la tendencia natural al compromiso de estos dos signos crean un vínculo sobre el que se puede construir una buena relación, siempre que Virgo no intente restringir los aspectos más intelectuales o sensuales de la personalidad de Escorpio.

Libra

Esta combinación puede ser complicada, porque aunque a Libra le interesa la intensidad intelectual y sexual de Escorpio, no acaba de ser capaz de satisfacer la necesidad de compromiso del escorpión, que le parece demasiado celoso y exigente.

Escorpio

A no ser que reconozcan desde el principio que las dificultades que experimentan se deben a lo mucho que se parecen, esta pareja acabará matando la relación a base de mal humor, secretos y posesividad, a pesar de su compatibilidad sexual.

Sagitario

Aunque la actitud desenfadada y divertida de Sagitario atrae mucho a Escorpio al principio, puede acabar irritándole si ve insatisfecha su necesidad de seguridad debido a la búsqueda constante de viajes y nuevas aventuras de cuerpo y mente por parte del arquero.

Capricornio

Ambos signos se toman muy en serio lo de estar en el mismo equipo emocional y tienen prácticamente la misma necesidad de seguridad. Además, la intensidad apasionada de Escorpio equilibra la actitud más taciturna de Capricornio hacia el sexo, por lo que se trata de una combinación muy compatible.

Acuario

Las necesidades profundas y emocionales de Escorpio entran en conflicto con la actitud abierta con que Acuario aborda la vida (y el sexo). Escorpio no acaba de entender esa cualidad intelectual tan aérea, que hace que se sienta demasiado inseguro como para tolerar nada más allá de una aventura breve.

Piscis

La faceta silenciosa y fuerte de Escorpio se equilibra con la actitud relativamente indecisa de Piscis. Por otro lado, su atracción sexual es muy imaginativa y romántica y la tendencia de ambos a experimentar las emociones con profundidad ayuda a que se sientan seguros.

♏ Escorpio

La escala del amor de Escorpio

Menos compatible

Escorpio · Acuario · Libra · Geminis · Aries · Leo

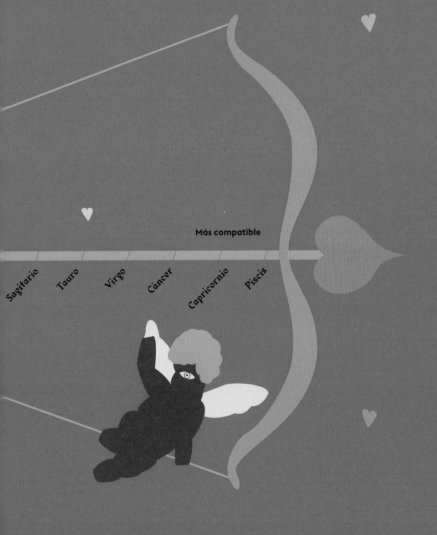

Más compatible

Sagitario   Tauro   Virgo   Cáncer   Capricornio   Piscis

Sagitario

*

El arquero

22 DE NOVIEMBRE–21 DE DICIEMBRE

Representado por el arquero, Sagitario es un signo de fuego mutable que nos remite a los viajes y a la aventura, ya sea física o mental, y es muy directo. Regido por el benévolo Júpiter, Sagitario es optimista y rebosa de ideas. Le gusta la libertad y tiende a generalizar.

SIGNO OPUESTO

Géminis

Cómo quiere Sagitario que le quieran

Sagitario es honesto hasta el extremo y tiene una capacidad enorme para la aventura (además de la tendencia a salir huyendo de vez en cuando), pero piensa que todo el mundo es igual que él. Por lo tanto, tiende a enviar señales confusas y averiguar cómo quiere que le quieran puede resultar complicado. Sagitario también espera que el amor sea escurridizo, algo que atisba en la distancia y que solo se encuentra tras una aventura o un viaje por caminos inexplorados. Y espera cazar y ser cazado; al fin y al cabo, esa es parte de la diversión en el amor, ¿verdad? Aunque por importante que sea la caza, se trata de una caza que lleva a un fin, ¿o no? Ese es el problema: Sagitario no siempre está seguro de ello.

Sagitario quiere que lo amen por su mente tanto como por cualquier otra cosa y valora mucho tener alguien con quien compartir las cosas y con quien hablar. De hecho, quererlo como amigo bien puede ser el primer paso para acercarse a Sagitario, aunque se dará cuenta si la aproximación no es genuina.

De todos modos, y al igual que todo el mundo, Sagitario necesita sentirse amado y seguro, aunque no siempre lo demuestre. De hecho, su afán de independencia puede ser, en ocasiones, una defensa inconsciente para evitar la decepción o el dolor. No es que quiera que lo domen, porque no lo quiere, pero encontrar un lugar seguro en el que descansar la cabeza lo atrae tanto como los espacios abiertos. Estas aparentes contradicciones son más fáciles de entender si pensamos en la metáfora psicológica de su personalidad, el caballo. Amar a Sagitario puede ser profundamente gratificante si se comparte su pasión por el viaje y la aventura, ya sea con el cuerpo o con la mente.

¿En qué fiestas encontrarás a Sagitario?

Es posible que tengas que viajar si te quieres ir de fiesta con el arquero, poque Sagitario será el primero en subir a un avión para participar en una rave de 24 horas y luego hacer acto de presencia en el trabajo con los ojos enrojecidos. Si lo encuentras y le quieres invitar a un cóctel que propine una buena coz, opta por un Old Fashioned con bourbon.

La vida sexual
de Sagitario

La actitud juguetona de Sagitario ante la vida llega también al dormitorio. El sexo es otra forma de comunicarse para el arquero y, al igual que sucede con una buena conversación, puede mutar y ser breve e ir directo al grano un día para tornarse largo y lánguido, coqueto, exploratorio, intenso, divertido... al siguiente; pero pocas veces se lo tomará muy en serio. Con frecuencia, concibe el sexo de un modo tan directo que puede pasar por alto su componente de conexión emocional, porque ya está pensando en la siguiente gran idea, plan o aventura. Todo esto contribuye a su reputación de signo veleidoso.

Sagitario tiene abundante energía sexual, pero en el fondo se toma las cosas con calma y no armará mucho lío a no ser que se trate de un gran evento romántico, como una fiesta de compromiso o un aniversario. Siempre habrá otro momento, ya sea con la persona con la que está ahora o con la siguiente. Lo que sí es seguro es que, como es tan alegre, considerado y tranquilo, acostumbra a ser un amante fantástico siempre que no se le pida más de lo que puede ofrecer emocionalmente.

Vivir con Sagitario

Es fácil convivir con Sagitario, a quien le gusta vivir en comunidad. Sin embargo, también acostumbra a decidir pasar mucho tiempo fuera de casa, por ejemplo, viajando por trabajo.

Esto no es un problema, a no ser que sus compañeros de piso o su pareja quieran más compromiso, ya se trate de que Sagitario cumpla con las tareas domésticas que le corresponden o de que pueda darles las buenas noches a los niños. La cara positiva de su impredictibilidad es que acostumbra a estar de buen humor y a ser buena compañía y, en cuanto sale el sol, empieza a pensar en cuál es la mejor manera de pasar el día. Además, invita a todo el mundo a que lo acompañen.

Vivir con Sagitario supone llegar a compromisos y el truco está en descubrir el tipo de compromiso que está dispuesto a adoptar. Aunque los intentos sutiles de hacerlo obedecer tienden a fracasar, hablar con él directamente acostumbra a facilitar las cosas. Es posible que la necesidad de tener que pedirle constantemente que haga las cosas vuelva loco a su pareja, pero esa suele ser la única manera, porque lo más probable es que Sagitario se olvide de que hay basura que sacar a no ser que alguien se lo recuerde.

Sagitario
y las rupturas

Es posible que Sagitario piense que no pasa nada por salir galopando hacia el atardecer despidiéndose con un golpe de cola cuando rompe con una pareja, pero con frecuencia lo hace para defenderse, independientemente de que haya sido él o no quien ha instigado la ruptura. Y, aunque esto encaja con su reputación de veleta y de inconstante, dice mucho de cómo afronta el dolor: haciendo como si no existiera. Sin embargo, como cada nueva relación es una oportunidad para una nueva aventura, Sagitario es bastante fuerte y pronto estará buscando otros prados, aunque eso no significa que sea insensible. Sin embargo, lo que sí espera es poder seguir siendo amigo de su ex, algo que manifiesta directamente. Y se queda desconcertado cuando el otro no es de la misma opinión.

Sagitario y...

♈ Aries

Estos dos signos comparten muchos intereses y encajan tanto intelectual como físicamente. A veces, la actitud algo más filosófica de Sagitario puede irritar a Aries y ambos tienen opiniones firmes y personalidades fuertes, pero ¡el sexo también es muy apasionado!

♉ Tauro

Tauro necesita una organización y un control que incomodan a Sagitario, que al principio se puede sentir atraído por la naturaleza terrenal del toro. A largo plazo, Sagitario necesita variedad, independencia y diversión espontánea, lo que puede desequilibrar a esta pareja.

♊ Géminis

La chispa del reconocimiento mutuo prende al instante entre estos dos, que comparten un ingenio rápido y una manera imaginativa de entender la vida y el amor que les permite divertirse a lo grande tanto fuera como dentro del dormitorio. Será bueno mientras dure, aunque sea poco, y se separarán como amigos.

♋ Cáncer

La actitud desenfadada de Sagitario ante el amor choca con la necesidad de seguridad de Cáncer, aunque la sensualidad del cangrejo atrae al arquero al principio. Esto no basta para compensar y mantener el interés mutuo, aunque sí que pueden ser buenos amigos.

♌ Leo

Aquí hay mucha sintonía: ambos aman la aventura, las relaciones sociales y la libertad, por lo que apenas hay discusión acerca de cómo pasar el rato. Además, la actitud desenfadada de Sagitario no choca con la tendencia de Leo a la grandiosidad. ¡Viva la felicidad!

♍ Virgo

Tendrán muchísimas conversaciones sesudas, pero poco más. Con frecuencia, Sagitario siente que la necesidad de organización y la atención al detalle de Virgo repremen su gusto por la libertad.

Libra

Entre estos dos signos se establece una armonía inesperada, porque Libra se adapta con facilidad a la necesidad de exploración de Sagitario y le ofrece oportunidades lujosas para hacerlo, al tiempo que equilibra la necesidad emocional de libertad.

Escorpio

El posesivo e intenso Escorpio puede intrigar y seducir físicamente a Sagitario al principio, pero luego resultará abrumador y Sagitario no tardará en seguir su instinto y escapar de las discusiones constantes. Complicado desde el principio.

Sagitario

La conexión entre dos iguales puede sacar lo mejor de ambos... o lo peor. Aunque está muy bien amar la libertad, si quieren ascender el primer peldaño tendrán que caminar en la misma dirección, por lo que es posible que acaben más como hermanos que como amantes.

Capricornio

La faceta compulsivamente social de Sagitario es un verdadero misterio para Capricornio, que es más bien solitario y espera que el compromiso haga acto de presencia en la relación desde el minuto uno. Ambos tienen aspiraciones muy elevadas, pero tienden a ser tan distintas que apenas son compatibles.

Acuario

Esta combinación ofrece buenas posibilidades, porque ambos signos tienen una faceta muy imaginativa, creativa y extrovertida y no intentarán atarse mutuamente. Por eso, quizás tarden un poco en comprometerse y prefieran empezar como amigos, pero el fuego lento puede ser tan excitante como las llamaradas.

Piscis

La intensa energía y la naturaleza exploradora de Sagitario resultan muy atractivas para el soñador Piscis. Sin embargo, el arquero se acaba sintiendo atado por tanta emoción y puede acabar resentido por la pérdida de libertad percibida.

Sagitario

La escala del amor de Sagitario

Menos compatible

Escorpio · Capricornio · Cáncer · Piscis · Tauro · Virgo

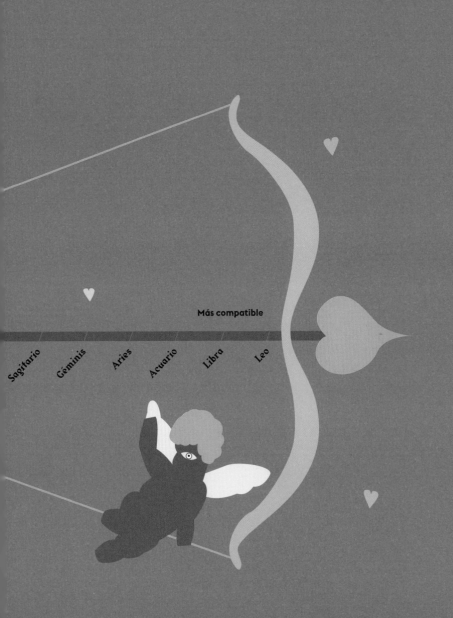

Más compatible

Sagitario   Géminis   Aries   Acuario   Libra   Leo

Capricornio

✳

La cabra

22 DE DICIEMBRE-20 DE ENERO

Capricornio, cuyo regente es Saturno, es un signo de tierra cardinal asociado al esfuerzo y representado por la cabra, de pisada firme pero a veces también juguetona. Es fiel y no rehúye el compromiso, aunque puede ser muy independiente y tiene la disciplina necesaria para una vida laboral como autónomo.

SIGNO OPUESTO

Cáncer

Cómo quiere Capricornio que le quieran

Sentirse seguro es una parte importante de cómo quiere ser amado Capricornio. No es en absoluto que sea dependiente, sino que su autonomía emocional es una especie de defensa contra la pérdida de tiempo, algo que solo puede superar sintiéndose seguro. Hay que ser perspicaz para darse cuenta de que la posible reserva inicial de Capricornio puede formar parte de un proceso de evaluación y que solo recompensará con su atención a la persona que lo esté cortejando cuando esté completamente seguro de ella.

Al contrario de lo que pudiera parecer, Capricornio es un signo al que le gusta ser conquistado y cortejado. ¿A quién no le gustan las rosas rojas? Eso sí, ha de ser auténtico. Capricornio es muy sensible a las motivaciones de los demás y, a veces, puede dar la sensación de que uno tiene que demostrar su buena fe una y otra vez. Capricornio siempre mira al futuro y planifica para ello, por lo que quiere ser querido por alguien que tenga una visión similar de un futuro compartido. Dada su naturaleza reservada, la única manera de saber cómo quiere ser amado Capricornio es prestarle mucha atención.

De todos modos, hay que encontrar un equilibrio, porque Capricornio es también sensual y muy consciente de los placeres de la carne, que disfruta mucho. Reconoce que puede ser una manera de llegar a conocer al otro y también puede ser muy realista en este aspecto. Para muchos Capricornio, el amor físico es una expresión directa del amor mental y esta faceta terrenal puede resultar sorprendente dada su tendencia a la precaución. Aun así, puedes apostar lo que quieras a que no hará el menor movimiento sin antes haber reflexionado cuidadosamente sobre la situación. Y, una vez se comprometen, es muy poco probable que den un paso atrás.

Qué flores regalar
a Capricornio

Los longevos claveles y los pensamientos,
que reflejan la naturaleza reflexiva de
Capricornio, son dos flores con las que seguro
que cautivarás a Capricornio.

La vida sexual de Capricornio

Capricornio tiende a ser una persona sensual y terrenal con un impulso sexual potente. Acostumbran a sentirse bien con su cuerpo y les gusta expresar el amor con una sensualidad cuasi poética. Las experiencias apresuradas en un pajar no son lo suyo, quieren tener tiempo, estar cómodos, con una temperatura agradable e iluminación suave. No buscan tanto el lujo como sentirse lo suficientemente seguros para expresarse y eso puede requerir cierta previsión y planificación. Por contradictorio que pueda sonar, Capricornio necesita tiempo y reflexión para ser espontáneo en la cama.

La fidelidad sexual acostumbra a ser la norma con Capricornio. Una vez comprometidos son leales y se pueden mostrar bastante conservadores en este aspecto. Y, aunque a Capricornio le gusta que lo seduzcan (la estimulación mental es muy importante), una vez se ha decidido, no perderá tiempo hablando. Dicho esto, cuando se sienten cómodos y seguros no temen decir lo que les gusta y qué quieren de su amante. Además, quieren un amante semejante a ellos, que se sienta seguro de sí mismo y sepa lo que se hace. Aunque puedan parecer muy rígidos (es uno de los rasgos de Capricornio), una vez comprometido se relaja de un modo maravilloso.

Vivir con Capricornio

Siempre que seáis parecidos (es decir, más bien reservados, organizados y ordenados), vivir con Capricornio es bastante fácil. Sin embargo, puede haber roces cuando Capricornio llega a casa después de un largo día de trabajo y descubre que el lavavajillas no se ha puesto correctamente o que el montón de ropa sucia amenaza con desplomarse en una esquina. A Capricornio le resulta tan sencillo preocuparse de estas cosas que le cuesta entender que a otros no les suceda lo mismo.

Si no se le echa encima una fecha límite, y los platos están fregados, Capricornio puede ser una compañía relativamente relajada. Son seres genuinamente sociales y les gusta tener gente a su alrededor, por lo que no suelen necesitar desaparecer de vez en cuando para cargar las pilas. La planificación es fundamental para Capricornio, que es un anfitrión generoso y prefiere asegurarse de que todo sea perfecto para sus invitados y no arriesgarse a improvisar, así que si alguien intenta presentarse en su casa de forma espontánea, es más que probable que se encuentre con un anfitrión bloqueado.

Capricornio
y las rupturas

Capricornio tiene los pies en el suelo y es muy práctico, por lo que en ocasiones puede parecer muy frío cuando su relación de pareja termina. Tanto si han sido ellos los que rompen como si no, tienden a adoptar una actitud muy pragmática: no funcionaba, así que lo mejor es dejarlo y a otra cosa. Además, y esto es muy Capricornio, cuando menos se diga, antes se supera. Sin rencor. El problema es que como se había comprometido de verdad con la relación, lo más probable es que el aparentemente inmutable Capricornio lo esté pasando peor de lo que parece. Es posible que su ex piense que Capricornio ha pasado página completamente y no le queda ni el menor sentimiento, pero no es cierto. Si ha amado y perdido (por el motivo que sea), Capricornio necesitará tiempo para recuperarse. No es de los que se lanzan a otra relación por despecho; eso debería bastar a su ex para entender lo importante que fue para él o ella en el pasado.

Capricornio y...

Aries

La naturaleza impulsiva de Aries es un problema inmediato para muchos Capricornio, que necesitan tiempo para reflexionar antes de tomar decisiones y pueden tener dificultades para creer que este extrovertido signo de fuego se pueda comprometer. Aun así, ambos son ambiciosos, así que acostumbran a ser buenos amigos.

Cáncer

Son signos opuestos, por lo que sus naturalezas se complementan, pero también están separadas por la necesidad de seguridad y de reafirmación constante de Cáncer y la disposición más bien práctica de Capricornio. La atracción sexual entre ellos es muy potente, pero, más allá de eso, cualquier cosa es posible.

Tauro

Son dos signos prácticos con mucho en común: ambos valoran la seguridad y la posibilidad de construir un hogar. Admiran sus fortalezas respectivas y la estabilidad afectuosa de Tauro ayuda a Capricornio a superar su cautela y facilita que la pasión y el romance florezcan.

Leo

Aunque haya cierta atracción inicial, en realidad Capricornio no puede entender la exuberancia y el egoísmo de Leo, que le resultan difíciles de tolerar. Además, la dosis diaria de adoración que Leo necesita es demasiado para el reservado y exigente Capricornio.

Géminis

Una vez superada la atracción inicial pueden aparecer problemas. La extravagancia excitable de Géminis pondrá a prueba la paciencia conservadora de Capricornio en prácticamente todos los frentes, mientras que su aéreo ingenio verbal puede hacer que este signo de tierra se sienta soso e incompetente.

Virgo

Los dos aprecian la pulcritud y la organización, el estilo intelectual y la capacidad de esfuerzo del otro, por lo que este emparejamiento es armonioso. El único inconveniente podría ser que, con tanta cautela por ambas partes, la relación se acabe estancando.

Libra

Al principio, el gusto de Libra por el arte, el lujo y el equilibrio entre la vida personal y la profesional puede atraer a Capricornio, pero, con el tiempo, chocarán por cuestiones de responsabilidad y disciplina. Los celos del signo de tierra tampoco ayudan demasiado.

Escorpio

Ambos tienen personalidades muy fuertes, por lo que es sorprendente que hagan tan buena pareja. Y es que la posesividad de Escorpio satisface la necesidad de seguridad de Capricornio y les permite forjar un vínculo sólido. Y, aunque a veces choquen y salten chispas, eso también alimenta su romance.

Sagitario

El optimismo de Sagitario es maravillosamente vigorizante para la reserva de Capricornio y lo ayuda a tomarse la vida con más ligereza, pero con el tiempo se puede acabar sintiendo mal, como si no se lo estuvieran tomando en serio. Es un problema que Sagitario no sabe cómo resolver.

Capricornio

Son compatibles en prácticamente todos los frentes, desde la actitud hacia el trabajo hasta la vida social o incluso el dinero, y el pleno reconocimiento mutuo también facilita las cosas en el dormitorio. El único inconveniente que podría aparecer es la tendencia a que la vida sea un poco... monótona.

Acuario

La impredictibilidad de Acuario inquieta a Capricornio, que prefiere organización y rutinas, lo que, a su vez, irrita a Acuario. Sin embargo, más allá de esto, valoran sus diferencias, lo que puede hacer de ellos buenos amigos, si no parejas.

Piscis

Pueden formar una unión magnífica, porque la imaginación de Piscis alimenta los sueños de Capricornio, al tiempo que la capacidad de esfuerzo de ambos forja un compromiso mutuo. La naturaleza afectuosa de Piscis hace que Capricornio se sienta seguro, y las cosas también van bien en el dormitorio.

La escala del amor de Capricornio

Menos compatible

Leo · Géminis · Aries · Acuario · Cáncer · Libra

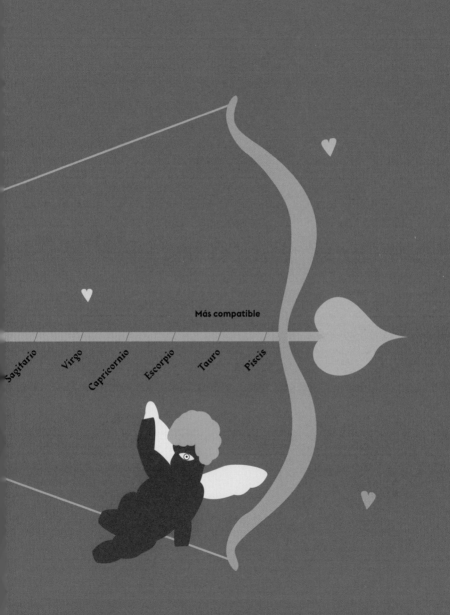

Más compatible

Sagitario Virgo Capricornio Escorpio Tauro Piscis

Acuario

*

El aguador

21 DE ENERO–19 DE FEBRERO

A pesar de que estar simbolizado por un aguador, Acuario es un signo de aire fijo regido por el impredecible Urano, que arrasa con las ideas viejas y las sustituye por un pensamiento innovador. Tolerante, de mente abierta y humano, se caracteriza por la visión social y la conciencia moral.

SIGNO OPUESTO

Leo

Cómo quiere Acuario
que le quieran

La respuesta más sencilla sería: a distancia. Las emociones de Acuario tienen un elemento de frialdad y reserva que puede transmitir voluntad de distanciamiento y que puede poner las cosas difíciles a quien quiera averiguar cómo acercarse a él. El exceso de atención puede hacer que muchos Acuarios sientan claustrofobia, una reacción que es fácil malinterpretar, por lo que todo el que ame a Acuario ha de respetar su naturaleza independiente. Sin embargo, tampoco aborrece el compromiso: aunque su conducta parezca afirmar precisamente eso, interpretarla así sería un error. La comunicación, su punto más fuerte, puede resultar muy útil en este aspecto sobre todo si se aborda el tema de manera directa.

En ocasiones, es Acuario el que se queda desconcertado cuando la relación es problemática, porque, por supuesto, él cree que es absolutamente transparente. Quiere que la persona que lo ame sea tan independiente como él, pero que, al mismo tiempo, esté disponible. Es fantástico demostrar una actitud activa, pero hay que garantizar que esa actividad sea tanto mental como física.

Los intereses compartidos son un buen punto para empezar. Las relaciones con Acuario acostumbran a forjarse a partir de un proyecto común que estimula la actividad mental. Eso permite que los Acuarios más tímidos (¡sí, los hay!) se estabilicen y aprendan a confiar en que su manera de amar incondicional y poco convencional no será rechazada. Puede sentirse inseguro y, entonces, necesita tiempo para poder comprometerse. Sin embargo, una vez hace una promesa, lo más probable es que la cumpla. Es generoso y tolerante y estará encantado de construir un futuro junto a alguien que estimule su mente además de su cuerpo.

Qué mascota tener
con un Acuario

Como era de esperar con un signo de aire, las aves
en general son una buena mascota que compartir
con Acuario. Y la sociabilidad del llamativo periquito
enamorado, de color azul eléctrico, o el exotismo del
parlanchín miná común los hace perfectos
para el aguador.

La vida sexual
de Acuario

Los Acuario suelen ser impredecibles, aficionados a la experimentación y poco convencionales... adjetivos que son aplicables también en el dormitorio. No cabe duda de que, cuando hablamos de Acuario, el sexo puede ser intenso, emocionante, apasionado e, incluso, algo salvaje. Y, sin embargo, ahí reside la paradoja, porque Acuario también puede ser muy serio y reflexivo y, aunque una vez en la cama es poco probable que se muestre precavido, es posible que tarde bastante en llegar allí. El estilo sexual de Acuario no se caracteriza por el flirteo; de hecho, su vida sexual acostumbra a empezar en la cabeza, porque la mayor fuente de estimulación para Acuario puede ser el intelecto, y puede tardar algo de tiempo en llegar al aspecto físico.

No es dado a las aventuras de una noche, porque prefiere haber explorado antes la mente de su amante, que puede interpretar la demora como un exceso de precaución cuando, en realidad, suele deberse más a la tendencia de Acuario a centrarse en la persona a la que quiere conocer. A pesar de las apariencias iniciales, puede sorprender a su amante con un diálogo altamente erótico como parte de su repertorio y proponiendo juegos de rol, posturas nuevas y lugares poco habituales.

Vivir con Acuario

Es posible que fuera un Acuario quien concibió el lema «vive y deja vivir», porque estas palabras definen con precisión su actitud hacia la convivencia. Y es también la actitud que espera de su pareja, por lo que, si esta no piensa igual, quizás haya fricciones.

Acostumbra a pasar mucho tiempo fuera de casa, ya sea porque sus jornadas laborales son muy largas o porque viaja por placer a algún lugar lejano. En consecuencia, está acostumbrado a apañárselas solo y a relacionarse con personas de todo tipo. La parte positiva es que suele ser muy tolerante y mostrarse abierto a negociar, por lo que los problemas domésticos se resuelven con facilidad. Cuando está en casa, Acuario es muy sociable y se puede pasar horas sentado a la mesa hablando con su pareja de las mil y una maneras de arreglar el mundo o invitar a un grupo diverso de personas para hacer lo mismo.

Puede abordar las tareas domésticas tanto de un modo muy metódico como totalmente aleatorio: es demasiado impredecible para poder afirmar con seguridad una cosa o la otra. Aunque a veces necesita que le den un empujoncito, Acuario acaba haciendo las cosas porque le gusta estar rodeado de un mínimo de orden y de organización.

Acuario

Acuario
y las rupturas

Acuario no es muy aficionado al extremismo emocional (ni al suyo ni al de su ex pareja) que tiende a ocurrir durante las rupturas y, con frecuencia, permanecerá en una relación que ya sabe acabada (o esperará a que sea su pareja quien dé el paso) para evitar el mal trago emocional. Aunque su respuesta puede ser impredecible, tiene un corazón humanitario, lo que significa que no disfruta haciendo daño a los demás. Por otro lado, se resiste a invertir la gran cantidad de tiempo y de energía emocional necesarios para recuperarse, lo que explica por qué Acuario puede tardar tanto en comprometerse y prefiere cultivar una larga amistad en lugar de declarar su amor desde el principio. Acuario espera poder mantener la amistad una vez que las aguas hayan vuelto a su cauce, algo que no siempre resulta fácil para su ex pareja, independientemente de quién haya puesto fin a la relación.

Acuario y...

Aries

La independencia y la espontaneidad que caracterizan a estos dos signos hacen que sean muy compatibles en varios aspectos, por lo que tienen mucho que compartir y disfrutar. Sin embargo, la feroz dominancia de Aries puede acabar abrumando a Acuario, que necesita sentirse libre.

Cáncer

La seguridad de Cáncer hunde sus raíces en la vida doméstica, mientras que Acuario apenas se fija en lo que le rodea, porque ya está pensando en otra aventura. Esto supone el origen de muchas de las discusiones entre estos signos que, en consecuencia, no encajan con facilidad.

Tauro

Tauro, terrenal y amante del hogar, puede sentirse algo inseguro ante la etérea independencia de Acuario, que cuestiona su lado posesivo y alimenta la ansiedad de ambos. Por otro lado, a veces puede no estar de acuerdo con los instintos humanitarios del aguador.

Leo

Vivaces y aventureros, ambos anhelan la libertad, aunque es posible que la busquen de modos distintos: Leo mediante el lujo y un público adorador y Acuario en un compañero al que considera su igual y que pueda acompañarlo en los malos momentos. Es ahí donde pueden chocar los elementos opuestos de sus naturalezas respectivas.

Géminis

Estos dos signos de aire son muy compatibles tanto en lo que concierne al temperamento como a las ideas. Ambos anhelan vivir en armonía y son capaces de tolerar la necesidad de libertad del otro. La conversación es un elemento clave de la relación y pueden hablar de prácticamente todo.

Virgo

Aunque ambos reconocen que están comprometidos con la mente y con el cuerpo, los objetivos de uno y otro pueden diferir. Acuario aspira a ideas brillantes e innovadoras, mientras que Virgo prefiere las más prácticas, algo que tiende a desestabilizar la compatibilidad intelectual entre ellos.

Libra

Esta pareja sabe cómo disfrutar el uno del otro y cómo fomentar el apetito de ambos por la diversión. Aunque la testarudez de Acuario no es un problema para el diplomático Libra, es posible que no logren estabilizar la relación y llevarla más allá del flirteo.

Escorpio

La atracción entre estos signos es intensa, pero la naturaleza impredecible y el anhelo de libertad de Acuario pueden chocar con las necesidades y la potente pasión de Escorpio, que pueden acabar abrumando a Acuario. Los dos tienen que aprender a tratarse con cuidado.

Sagitario

La armonía surge con facilidad entre estas dos almas extrovertidas e independientes. Ninguno de estos dos signos es especialmente celoso y ambos son suficientemente innovadores y excitantes para mantener al otro interesado en el dormitorio, que es donde acostumbran a reconectar si han estado separados durante un tiempo.

Capricornio

La naturaleza precavida de Capricornio tiende a chocar con el etéreo desprecio de Acuario por las facetas más prácticas de la vida, lo que puede dar lugar a discusiones. Por otro lado, es posible que entre ellos no haya la atracción sexual suficiente para evitar que Acuario se aburra y quiera ir más allá de la primera base.

Acuario

Estarán tan cómodos el uno con el otro y con el interés que comparten por lo nuevo y lo inusual que no podrán ser más que felices juntos. El único inconveniente es que, quizás, no pasen juntos el tiempo suficiente para cimentar una relación duradera.

Piscis

Es probable que la naturaleza soñadora y espiritual de Piscis necesite un anclaje más sólido en el mundo real que el que puede ofrecerle Acuario, a pesar de la gran atracción que sienten el uno por el otro. Ambos tendrán que poner de su parte si quieren que la relación perdure.

La escala del amor de Acuario

Menos compatible

Acuario   Géminis   Sagitario   Aries   Escorpio   Libra

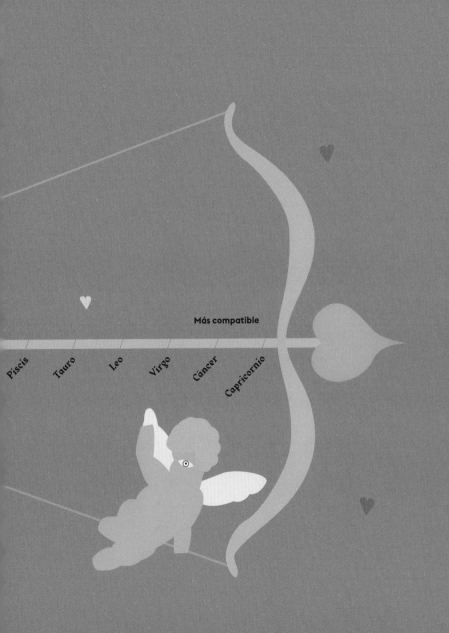

Más compatible

Piscis   Tauro   Leo   Virgo   Cáncer   Capricornio

Piscis

*

Los peces

20 DE FEBRERO–20 DE MARZO

Piscis tiene una gran capacidad para adaptarse a su entorno y es un signo de agua mutable representado por dos peces que nadan en direcciones opuestas. A veces confunde la fantasía con la realidad y, regido por Neptuno, su mundo es un lugar fluido, imaginativo y empático, en el que acostumbra a ser sensible a los estados de ánimo de los demás.

SIGNO OPUESTO

Virgo

Cómo quiere Piscis que le quieran

Piscis es afectuoso, romántico y, en ocasiones, algo místico en lo relativo al amor, por lo que es casi inevitable que sea también así como quiere ser amado. Es el signo que tiene más probabilidad de creer en el amor a primera vista, en las almas gemelas y en la trascendencia de la unión espiritual. Por otro lado, todo eso se puede desplomar con dureza cuando la realidad hace su aparición y el unicornio desaparece en el horizonte. Sea como sea, Piscis puede generar amor suficiente para dos personas y no tarda en emprender la búsqueda de su próximo objetivo romántico.

Con frecuencia, Piscis necesita sentirse necesitado, por lo que tiende a gravitar hacia personas dependientes emocionalmente que, quizás, no le puedan devolver el amor que necesita. Cuando esto sucede, acostumbra a haber un desequilibrio que puede llegar a ser problemático. Es importante que Piscis no se deje cegar por la mera apariencia de amor y que mantenga los pies en el suelo hasta que esté seguro del todo.

Piscis

Piscis también necesita ser amado por alguien que no quede desconcertado por la sensibilidad de sus reacciones ante el mundo, alguien que pueda tranquilizarlo y anclarlo en la seguridad de un amor más realista y duradero. Olvídate de «darle caña», porque con eso solo conseguirás alienar al tierno Piscis, cuyo ego no soporta ese tipo de jueguecitos. Él es del tipo todo o nada.

En definitiva, si se acuerda de mantener los pies en el suelo y no deja que el corazón rija la mente por completo, Piscis puede ser muy feliz en el amor. Por otro lado, debe recordar no usar el amor como una oportunidad para escapar de la vida real y aprender a reconocer lo «verdadero», que durará.

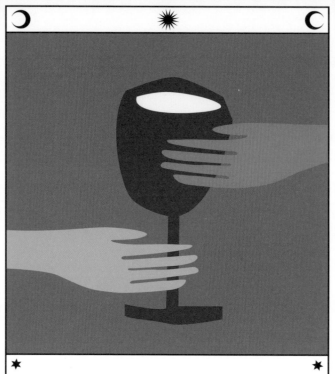

De qué color ir vestido a una cita con Piscis

Como era de esperar, los colores de Piscis son los turquesas y los tonos azules verdosos del mar con su luz en constante cambio. Llévalos cuando quieras conectar con la energía de Piscis. Si no quieres ir vestido con estos colores de la cabeza a los pies, opta por accesorios azules o verdes (zapatos, guantes, calcetines o incluso ropa interior).

La vida sexual
de Piscis

Piscis puede llegar a tener una imaginación desbocada en el dormitorio y es de los amantes más sensuales y táctiles que existen; con frecuencia, está encantado de compartir sus secretos amatorios. Si se siente comprometido y seguro, se sumergirá sin pensarlo en las profundidades del océano. ¿Sexo tántrico? ¿Juegos de rol? ¿Sexo lánguido y prolongado por la tarde? ¿En el baño o en la ducha? ¿Y qué tal en la playa? Con Piscis, todo es posible, porque expresa sus emociones mediante la sensibilidad del cuerpo y entiende la relación sexual como una extensión de la relación emocional. Para Piscis, el cuerpo y la mente son dos facetas de una misma cosa cuando se trata de hacer el amor.

También se puede mostrar juguetón, porque, en general, Piscis acostumbra a tener un espíritu joven, sea cual sea su edad. Siempre que no use el sexo para ocultar emociones incómodas o para desconectar de la realidad, Piscis puede ser un amante divertido y alegre además de intenso. Es un amante al que le gusta proporcionar placer tanto como recibirlo. En muchos aspectos, puede ser uno de los amantes más fáciles y liberados, aunque no para quien tenga prisa. El sexo con Piscis suele ser un imaginativo banquete de tres platos, no un tentempié rápido.

Vivir con Piscis

Piscis puede ser un compañero de piso encantador, por su afecto, su carácter juguetón y su sensibilidad naturales, que lo ayudan a sintonizar con las personas que lo rodean. Y esto lo convierte en una de las personas más consideradas con las que se puede vivir... excepto cuando desaparece en su propio mundo. En esos momentos, las cuestiones prácticas de la vida doméstica pueden quedar en segundo o tercer plano mientras Piscis se centra en el proyecto o idea (si no obsesión) que ocupe su mente creativa y su imaginación en ese momento. Sin embargo, es una persona que sabe responder, por lo que solo necesita un toque para recordarle su responsabilidad con quien convive y, una vez se lo haya recordado, estará encantado de dejar lo que sea para hacer lo que le toca.

Son muy pocos los Piscis que deciden vivir completamente solos; no son los ermitaños del Zodíaco y prefieren la compañía. Les gusta tener invitados, a quienes pueden ofrecer desde una comida a una cama para pasar la noche o unos días. Lo que sucede es que, a veces, se olvidan de consultárselo antes a su pareja.

Piscis

Piscis
y las rupturas

Piscis tiene una faceta muy reservada, por no decir secreta, y tiende a retraerse mucho cuando se siente herido. Puede retirarse a meditar profundamente acerca de la relación fallida con su ex, independientemente de quién tomara la decisión de poner fin a la misma. A Piscis no se le da nada bien pedir apoyo o ayuda emocional en momentos así, pero ha de ser realista y no quedarse enganchado al amor perdido. Piscis detesta hacer daño a los demás y siente las cosas con tanta intensidad que tiende a sentir el dolor del otro casi como el propio. Esto puede acabar abrumándolo y llevarlo a retirarse de la sociedad o a escapar de algún otro modo; tardará bastante en recuperarse. Piscis tiende a regodearse en su propia tristeza en lugar de enfrentarse a ella y adoptar medidas positivas para gestionarla.

Piscis y...

Piscis

♈

Aries

Por poco probable que esta relación pueda parecer a primera vista, la naturaleza soñadora y la necesidad de seguridad de Piscis y la actitud más dinámica y segura de Aries ante la vida son complementarias, por lo que estos dos signos pueden encajar muy bien siempre que ambos usen algo de tacto.

♋

Cáncer

Ambos son igualmente emocionales y sensibles, aunque Cáncer es algo más práctico, lo que ayuda a equilibrar la pareja y dota de estabilidad a una relación que, de otro modo, podría ser demasiado fluida. A pesar de que les puede costar un poco asentarse, una vez se comprometen, ambos son leales al otro.

♉

Tauro

Aunque el pragmatismo extremo de Tauro puede resultar maravillosamente útil a la hora de hacer realidad la visión de Piscis, el toro puede resultar demasiado tosco para este romántico empedernido. De todos modos, ambos comparten el gusto por la comodidad.

♌

Leo

Es un emparejamiento complicado: Leo no puede entender al dubitativo y soñador Piscis y tiende a pisotear sus emociones más delicadas. Por su parte, Piscis no entiende la necesidad de reconocimiento y admiración de Leo y detesta su infinito anhelo de relacionarse con gente.

♊

Géminis

La atracción entre estos dos signos de mente ágil es instantánea, aunque también acostumbra a ser efímera: la falta de consideración del aéreo Géminis irrita a Piscis, mientras que la intensa necesidad de reafirmación emocional de Piscis desconcierta a Géminis.

♍

Virgo

Aunque los opuestos astrológicos se pueden complementar bien, la tendencia de Piscis de anteponer los sueños a la realidad puede volver loca a la extraordinariamente meticulosa mente de Virgo. Además, es muy poco probable que entre estos dos pueda haber demasiado romanticismo.

Libra

Es posible que, al principio, la relación entre estos dos signos sea armoniosa, porque a ambos les gusta el lado artístico de la vida y comparten una visión similar de lo que es bello. Sin embargo, la necesidad de seguridad emocional de Piscis choca con el anhelo de libertad de Libra, lo que puede acabar perjudicándolos.

Escorpio

La intimidad es inmediata entre estos dos signos de agua potencialmente intensos. La posesividad de Escorpio hace que Piscis se sienta amado, no asfixiado, y ambos son igualmente sensuales e imaginativos, por lo que desarrollan un vínculo sexual potente.

Sagitario

La dificultad de este emparejamiento reside en la necesidad de independencia y de actividad constante fuera de casa de Sagitario, que a Piscis le resulta agotadora. Además, este interpreta como un rechazo la inquietud de Sagitario que, a su vez, encuentra irritante el romanticismo soñador de Piscis.

Capricornio

En una demostración de que los opuestos se atraen y se complementan, estos dos signos encajan muy bien. Piscis disfruta de la pasión, la fortaleza de carácter y la actitud positiva de Capricornio que, por su parte, adora la naturaleza afectuosa y romántica de Piscis.

Acuario

Aunque el innovador Acuario podría parecer la pareja perfecta para el ideal y sensual Piscis, sus ideas contienen demasiado desapego aéreo como para poder comprometerse plenamente con el enfoque emocional de Piscis. Además, Acuario necesita estímulos externos, que frustran la necesidad de intimidad de Piscis.

Piscis

Probablemente haya demasiado de bueno en esta pareja (sensibilidad, romance, empatía, sueños e ideas) para que pueda funcionar bien en la vida real. Tanta fluidez emocional puede acabar abrumándolos y desembocar en una interdependencia negativa.

La escala del amor
de Piscis

Menos compatible

Leo · Virgo · Acuario · Sagitario · Piscis · Géminis

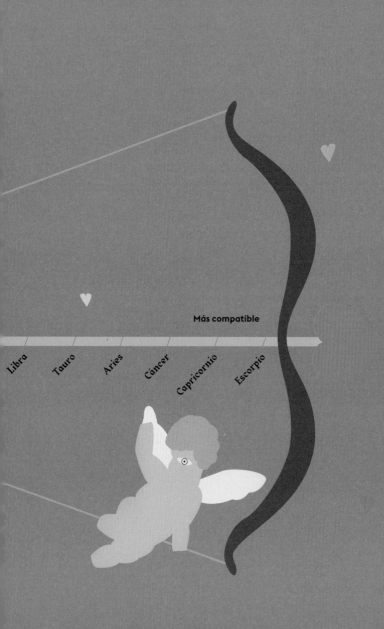

Más compatible

Libra   Tauro   Aries   Cáncer   Capricornio   Escorpio

Acerca de la autora

Stella Andromeda estudia astrología desde hace más de treinta años y está convencida de la utilidad de conocer las constelaciones celestes y sus posibles interpretaciones psicológicas. La traducción de sus estudios en libros ofrece una visión moderna y accesible de la antigua sabiduría de las estrellas, que transmite su firme convicción de que la reflexión y el autoconocimiento nos hacen más fuertes. Con su sol en Tauro, ascendente Acuario y Luna en Cáncer, utiliza la tierra, el aire y el agua para inspirar su viaje astrológico personal.

La edición original de esta obra fue publicada en
Reino Unido en 2019 por Hardie Grant Books, sello
editorial de Hardie Grant Publishing, con el título

Love Match

Traducción del inglés: Montserrat Asensio

Diagonal, 402 – 08037 Barcelona
www.cincotintas.com

Primera edición: octubre de 2022
Segunda edición: febrero de 2023

Impreso en China
Depósito legal: B 9194-2022
Código Thema: VXFAI
Signos del zodíaco y horóscopos

ISBN 978-84-19043-10-8

MIX
Paper from
responsible sources
FSC® C020056

FSC
www.fsc.org